温州大典

歷代古籍編

中華書局

經部

稿本禮記集解

〔清〕孙希旦 撰

第一册

圖書在版編目（CIP）數據

稿本禮記集解／（清）孫希旦撰．—北京：中華書局，2025．6．—（温州大典）．—ISBN 978-7-101-16807-5

Ⅰ．K892．9

中國國家版本館 CIP 數據核字第 2024G7R398 號

責任編輯：葛洪春
文字編輯：楊延哲
裝幀設計：劉　麗
責任印製：陳麗娜

温州大典・歷代古籍編
稿本禮記集解
（全四册）
〔清〕孫希旦 撰
*
中華書局出版發行
（北京市豐臺區太平橋西里 38 號　100073）
http://www.zhbc.com.cn
E-mail:zhbc@zhbc.com.cn
天津裕同印刷有限公司印刷
*
880×1230 毫米 1/16・130 印張・8 插頁
2025 年 6 月第 1 版　2025 年 6 月第 1 次印刷
定價：2980.00 元

ISBN 978-7-101-16807-5

《温州大典》工作委員會

主　　任　張振豐

第一副主任　張文傑

副 主 任　陳應許　王彩蓮　黄陽栩

委　　員　市委辦公室、市政府辦公室、市委宣傳部、市委政研室、市委編辦、市委黨史研究室、市檔案館、市人大常委會教科文衛工委、市發展改革委、市經信局、市教育局、市民宗局、市民政局、市財政局、市自然資源和規劃局、市住建局、市水利局、市農業農村局、市文化廣電旅遊局、市數據局、市政協文化文史和學習委、市文聯、市社科聯、温州大學主要負責人，各縣（市、區）委宣傳部部長

辦公室主　　任　王彩蓮（兼）

辦公室常務副主任　朱啓來

辦公室副　主　任　曾　偉　馬知遥　葉雪影

《温州大典》學術委員會

主任 項　楚　金柏東

顧問（按姓氏筆畫排序）

朱則傑　吴松弟　沈克成　周振鶴　馬忠文
陳增傑　張立文　張如元　張志清　張炳勳
黄顯功　黄靈庚　葉長海　潘悟雲　錢志熙

委員（按姓氏筆畫排序）

王　宇　方韶毅　李新德　沈　迦　俞爲民
洪振寧　高啓新　陳光熙　陳瑞贊　張　侃
張　索　張聲和　黄瑞庚　葉　建　諸葛憶兵
潘猛補　盧禮陽

《温州大典》編纂委員會

主　　編　項　楚　金柏東

副 主 編　洪振寧　盧禮陽　方韶毅　陳瑞贇

編　　委　（按姓氏筆畫排序）

王長明　沈　迦　徐佳貴　高啓新

張　侃　張　索　葉　建　潘猛補

潘德寶　謝作拳

編輯部主任　曾　偉　方韶毅

編輯部副主任　黄　凰　張啓林　金　盾

編輯部成員　吴蛟鵬　王　妍　蔡耀中　陳瑾淵

王長明　謝作拳　王　成　方長山

王　昉　亓　穎　李　尖　鄭静雯

《温州大典》歷代古籍編編纂人員

主　編　洪振寧　潘猛補

編　委　陳增傑　張如元　俞爲民　侯榮川　陳瑞贊

陳瑾淵　謝作拳　趙　丹　王　妍　王　昉

出版説明

温州是國家歷史文化名城，具有鮮明的區域文化特色。特别是宋代以後，人文鼎盛，人才輩出，所創造的文化典籍，成爲中華民族乃至人類文明的寶貴財富。

近代以來，温州鄉邦文獻經過幾次比較系統的整理，先後刊刻出版《永嘉叢書》《永嘉詩人祠堂叢刻》《敬鄉樓叢書》等地方文獻集成，加之永嘉區徵輯鄉先哲遺著委員會徵集抄繕鄉賢著作，温州文脈得以傳承和發揚。進入二十一世紀，《温州文獻叢書》《温州文獻叢刊》《温州市圖書館藏日記稿鈔本叢刊》以及樂清、蒼南、平陽、龍灣、瑞安、甌海等縣（市、區）的歷史文獻叢書陸續出版發行，温州地方文化的影響持續擴大。在此基礎上，二〇二一年十二月，温州市委、市政府啓動《温州大典》研究編纂工程。

《温州大典》是新時代文化温州建設的基礎性工程，也是浙江文化研究工程的重要組成部分，已被列爲浙江文化研究工程省市共建項目。《大典》收録歷代温州人（含寓賢）的著述、有關温州歷史文化的著述以及温州地區的出版物等，以一九四九年爲時間下限，以目前温州市的行政區域爲範圍，部分特殊文獻可適當放寬收録標準。《大典》以「梳理千年文脈，把握文化特質，感悟發展脈絡，增强海内外全體温州人的文化認同、情感互動和精神共鳴」爲宗旨，分七編集中呈現：

（一）歷代古籍編：搜集彙編温州歷代名著，按經、史、子、集、叢分類編排，力求再現各個時代温州文獻的原始面貌，使珍稀的孤本、善本化身千百。

（二）晚近書刊編：收録晚清民國時期出版的温州人著述、有關温州的著述，以及温州出版發行有一定影響和價值的報紙、期刊等，展示温州人在中國現代化進程中的社會面相及其在文化建設上取得的成果。

（三）文物圖像編：收録海内外藏重要温州文物（包括書法、繪畫、金石、雕塑、工藝品等）的圖像資料，呈現温州各個時代在物質文化方面的成就。

（四）檔案史料編：收録海内外公藏機構有關温州政治、社會、經濟、文化等方面的檔案，進行主題化整理，以系統保存温州歷史發展過程的細節。

（五）民間遺存編：選編温州民間現存珍稀族譜以及各類特色文書、宗教科儀書、唱本、日用雜書等文獻，以反映温州民間文化的多元性。

（六）要籍選刊編：選取歷代温州典籍中有代表性的，在中外學術史、文化史上産生重要影響的經典作品，進行深度整理。

（七）專題研究編：按照不同專題，組織專家學者對温州歷史文化的各個方面進行深入研究，以現代語言闡述温州歷史文化的深厚内涵。

歷代古籍、晚近書刊二編屬於基礎文獻，以影印方式出版；文物圖像、檔案史料、民間遺存三編爲彙編文獻，以影印方式爲主出版；要籍選刊、專題研究二編爲研究成果，以點校、論著等方式出版。同步進行數字化，建立《温州大典》數字典藏中心，方便廣大讀者查詢利用。

《温州大典》以兼具科學性、系統性、學術性、實用性、普及性爲目標，努力成爲新編地方文獻叢書的典範，成爲具有温州辨識度的標誌性文化成果。

《温州大典》編纂委員會

《温州大典·歷代古籍編》經部出版説明

經部系列收録《禮》類、《易》類、《書》類、《詩》類、《春秋》類、四書類、小學類等古籍著作七十餘部，爲《温州大典·歷代古籍編》的第一部分。小學類收録字書、韻書，論筆法者另編入子部。除温州學人著作外，亦酌收旅寓或宦遊諸賢之作。

經學，是古代中國文化的基礎。對傳統讀書人而言，經書代表修齊治平的根本之道。經學始於漢，宋代爲其重要的轉變期。温州經學即於此轉變期内孕育成熟，而以南宋永嘉學派成就最高。永嘉學派學者治經學，以「三禮」、《春秋》、《尚書》爲重點，貫穿着「經世致用」的主題，具有鮮明的學術品格與地方特色。數百年來，這一學術品格與地方特色不斷得以延續，形成了地域性傳統，成爲這個地方的「思想氣候」與「文化土壤」。

「禮」在古代，最廣義的用法是指一切制度規範。《禮》爲經世之大經，其作用是治理，落實到個人爲修身，延展到家族爲齊家，推之於國則爲治國、平天下。四庫館臣所謂「古聖王經世之道，莫切於禮」。永嘉學派學者「以經制言事功」，他們探究典章制度，大多從《周禮》、《禮記》等制度性資源中抉發「治」的精髓，爲當時的政治提供借鑒。對「禮」這一中國傳統文化核心思想的探討，温州學者用功頗鉅，成果亦豐。宋代温州學人的《禮》學著作，頗能代表宋代《禮》學的成就：王與之的《東巖周禮訂義》搜羅宏富，是宋代完整流傳至今的唯一一部集解體《周禮》學著作；鄭伯謙的《太平經國之書》有「會計」篇，專門研究周代會計制度，被譽爲我國古代第一部會計學著作；張淳的《儀禮識誤》開宋代全面校勘《儀禮》之先河。不僅如此，宋代温州的

《禮》學傳統延續至清代，出現了兩部集大成的巨著——《禮記集解》與《周禮正義》。孫希旦的《禮記集解》從義理詮釋《禮記》，代表了清代同類著作的水平。孫詒讓的《周禮正義》，被梁啓超譽爲「清代新疏之冠」。在《周禮》研究的基礎上，孫詒讓又撰寫了《周禮政要》，在晚清新政開始實施時提出一系列變法建議和改革思路，將温州經學「經世致用」的精神推向極致。

《春秋》、《尚書》記事記言，與《禮》經同樣具有實際踐行的意義，符合永嘉學派注重事功的特點，因而也備受青睞。在獨特學術取向的觀照下，温州學者的《易》、《詩》及四書類著述也能别開生面，尤其是小學類著作，極富創造性，往往能引領一時之風氣。元代温州塾師盧以緯的《語助》（又名《助語辭》）是中國第一部研究漢語虚詞的專著。清末孫詒讓的《契文舉例》，是我國最早研究甲骨文的專著；《名原》一書以甲骨文考證古文字，提出方法，創立體例，開闢了古文字學研究的新途徑，推動了古文字學的創立，學者因此稱孫詒讓是用科學手段研究古文字的第一人。

經部書系集中體現了古代温州學者的務實學風，有力見證了温州人精神的歷史根脈，突出彰顯了温州文化的地域特色，充分揭示了歷代温州學人對中國學術文化發展所作出的業績與貢獻。書系所用底本力求精善，其中宋刻本有二部，列入國家珍貴古籍名録的有十五部，列入浙江省珍貴古籍名録的有四部。對於慷慨提供珍貴底本的國内外各收藏單位，我們深表感謝！明代樂清學者侯廷訓等所撰《六禮纂要》六卷，吉林大學圖書館藏有嘉靖四年（一五二五）薛祖學刻本，列入第三批國家珍貴古籍名録，《温州大典》編輯部爲獲取該書底本多方努力，却終未如願，有待將來彌補。經部著作提要文稿均經主編或約請專家審定修改，敬請讀者批評教正。

《温州大典》編纂委員會

《稿本禮記集解》提要

《禮記集解》六十一卷，清孫希旦撰，稿本存三十八卷。原稿紙高二十五・六釐米，寬十八・五釐米。每半葉十二行，行二十六字，雙行小字同。無框。

孫希旦（一七三七—一七八四），字紹周，號敬軒，浙江瑞安人。清乾隆二十七年（一七六二），他參加浙江鄉試，考中舉人。七年後，參加會試，挑取中正榜，得官内閣中書。回鄉候缺時，撰《尚書顧命解》。三十六歲那年，他赴京任職，精專於禮學研究，開始撰《禮記注疏駁誤》。乾隆三十八年（一七七三），清廷開館纂修《四庫全書》，孫希旦擔任分校官。四十三年（一七七八）春，應禮部試，以一甲三名及第，授翰林院編修。秋，因母親去世，回鄉居憂。次年，受邀主講於温州中山書院。講學的同時，修改擴充《禮記注疏駁誤》爲《禮記集解》，撰寫成書，原稿五十卷。兩年後，孫希旦再到京城，任武英殿分校官，兼國史三通館纂修官，重訂、釐正《契丹國志》和《大金國志》。因積勞成疾，於乾隆四十九年十一月九日病逝。其子孫涑説他病逝前數月，還在一一編次書稿。孫希旦平生注重「有用之實學」。品行爲時人推重。著有《敬軒文集》三十卷，已佚。存世有《孫敬軒先生遺稿》《孫太史稿》《孫敬軒遺文》，孫延釗輯有《求放心齋遺詩》。

《禮記集解》是一部百萬字的著作。《禮記》四十九篇，除《大學》《中庸》二篇孫希旦僅著篇目，未做集解外，其餘四十七篇，在大部分篇首作題解，釐定各篇大致成書時代及作者，進而釋解篇名之義與一篇之大旨。經文之下，録鄭注、孔疏，再廣采諸家之説，後以「愚謂」説出自己的意見，裁斷之。共徵引文獻九十四家，表達自己的見解計二千一百九十三處。孫希旦認爲治道的變化體現在禮變之中，易代禮制雖各有不同，却俱以人情爲根本。孫希旦「緣情説禮」，并主張「情禮相輔」、「變禮合情」，通過驗證「天理」和「人心」的存在，建構其禮學思想的内涵，積極爲永嘉學派所宣導的「事功名」、「通世變」等思想提供合理可行的依據。對於理學和事功之間出現的種種矛盾，孫希旦所采用的是調和融合的態度，表現出清代學者在貫通内聖、外王上所付出的努力，也顯示後期永嘉學派所倡言的致用之學，具有深刻的現實性和經驗性，載有中國知識分子决心爲天下制定恒久治國之道的偉大抱負。

温州市圖書館藏稿本，存三十八卷，即卷一至十四，《曲禮上》《曲禮下》《檀弓上》《檀弓下》《王制》；卷十八至十九，《曾子問》；卷二十一至二十三，《禮運》《禮器》；卷二十五至四十二，《郊特牲》《内則》《玉藻》《明堂位》《喪服小記》《大傳》《少儀》《學記》《樂記》《雜記上》《雜記下》；卷四十九，《仲尼燕居》《孔子閒居》。題下署名「瑞安孫希旦集解」或「孫希旦集解」，稿本上有多處藍字修改，或剪紙粘貼增補。孫衣言咸豐十年（一八六〇）正月撰《徵刻孫編修遺書序》記載：「其後用功既久，遂盡解全經，易其名爲《禮記集解》，草稿屢易，最後先生自爲定本，而亦重有删改，故校正頗難。」清道光年間，瑞安項霽、項傅霖兄弟與鄉人商議，謀劃刊刻，開始著手整理，僅校勘前十卷，項氏兄弟先後去世。今見書稿中有夾紙，如鈔録《禮記集解引用書目及諸家姓氏》，署時間爲丙戌，即道光六年（一八二六）。至道光十八年（一八三八），項傅霖請阮元爲《禮記集解》作序，阮序手稿由瑞安楊紹廉整理，刊載於《鼎龢》民國十五年第四期《副墨》。咸豐三年（一八五三），瑞安孫鏘鳴回到家鄉，從孫希旦曾孫裕昆家中取得稿本，和孫希旦所點定的毛氏汲古閣刊本《禮記注疏》，以及宋衛湜撰《禮記集説》等，互相參訂，正誤闕疑，重爲繕寫，繼續此項整理工作，將書稿釐定爲六十一卷，并作序。咸豐四年（一八五四）、五年（一八五五）

兩年間，孫鏘鳴在校讀中，補入脱文，并用紅筆在稿本天頭寫下批校語。孫衣言回鄉時亦參加校勘工作。此稿本，今列入第二批浙江省珍貴古籍名録，編號〇〇二三三。北京大學圖書館藏有舊鈔本《禮記集解》六十一卷，共十七册，《北京大學圖書館藏古籍善本書目》著録，注明爲「清咸豐間瑞安項琪、孫鏘鳴抄本」。

此書刊刻，始於咸豐十年（一八六〇），以卷帙繁多，需要鉅資，時孫衣言提議由衆人集資，同人分任，由瑞安孫氏盤谷草堂開雕，東甌梅師古齋刻字，中途遇到戰亂，雕版被毁一半，至同治七年（一八六八），該書刊刻功成。框高十七・五釐米，寬十三・六釐米。每半葉十三行，行二十二字，上下黑口，左右雙邊。每一卷末附有參與校刊人的姓名，有的還有原刊人和補刊人，他們或出力或出資，共有五十多人。衆人集資，合力運作。項琪（一八一九—一八八六），瑞安項霽次子，過繼給項傅霖爲後，他參加了稿本整理與刻本刊刻的整個過程。瑞安刻本由莫友芝題寫書名，時間在同治甲子（一八六四）。牌記有「咸豐庚申瑞安孫氏盤谷草堂開雕」，又有「東甌梅師古齋刻字」。卷首有孫鏘鳴《序》，卷末有瑞安項琪《跋》。略後的刷印本，增入孫衣言撰《敬軒先生行狀》；又將《尚書顧命解》附於書後。收入《永嘉叢書》時，印本略去牌記頁「東甌梅師古齋刻字」。

《禮記集解》是清代《禮記》學史上富有學術價值的著作，自瑞安刻本刊印後，引起學界較大的反響。孫希旦的詮釋，一是以「集解」的方式博采衆説，無門户之見，立足經史典籍，以經史證經，考制度而明禮義，他對《禮記》的詮釋，總是和修身、治國聯繫在一起，强調通過禮的推行教化天下，以達到經世的目的；二是堅持義理詮釋又不廢棄考據，他熟悉「三禮」，精於史學，又擅長校讎，闡發義理是在有充足證據的情況下進行的，將考據之法用於義理的辨析，表現出一種兼收并蓄的學術氣度。從漢代到清代的《禮記》學文獻約有八百多種，存世的不到二百種，其中清人對《禮記》的研究成果超過前代，而以孫希旦所著《禮記集解》最爲著稱。孫希旦著述受到永嘉學派與浙東史學的影響，《禮記集解》對《禮記》的詮釋具有繼古與開新的態勢。此書博采漢、唐以來諸家解義，旁搜遠紹，頗爲詳備，又對每一節的字、詞、語、句幾乎都作了詮釋，析疑解惑，時出己見，以體現一家之言。對鄭注、孔疏異同之處，每引《周禮》《儀禮》及《禮記》相關文字詳加辨别，頗具「以經注經」之特色，成爲清代《禮記》詮釋史上最重要的著作。傳統經典詮釋在《禮記集解》書中開始出現的現代性因素，即開放性的研究態度、實事求是的科學精神和對優秀研究成果的自覺運用，尤其值得稱道。其書頗爲晚近學者所采用，《辭海》中也有不少條目援引其説。

此稿本，當是此書的最早文本，保存與記録了孫鏘鳴等人整理時的狀况，頗具文獻價值。今據温州市圖書館所藏《禮記集解》清稿本影印。以往著録爲存三十五卷，經查核，確爲存三十八卷，近年温圖整理古籍，其中第四十二卷裝訂錯置於第三十九卷之後，本次影印移至正常順序。

瑞安刻本，有《永嘉叢書》刊本，《續修四庫全書》經部第一〇三册、第一〇四册，據華東師範大學圖書館藏本縮印收入。有臺灣蘭臺書局一九七一年影印初刻本。圈點本，上海商務印書館收入「萬有文庫」和「國學基本叢書」。點校本，收入中華書局「十三經清人注疏」書系，沈嘯寰、王星賢點校，一九八九年出第一版，二〇二一年又收入「中華國學文庫」系列。何錫光校點本，二〇一一年收入《儒藏·精華編》第五十六、五十七册。

《禮記集解引用書目及諸家姓氏》之夾紙，原裝於稿本卷十四之中，今移附於稿本之末，其他夾紙亦隨附於後。孫希旦的《尚書顧命解》作爲本書的附録一，影印於後。又在温州中山書院任教的王棻撰有《孫氏禮記集解校注》一卷，稿本，開本高二十五·五釐米，寬十六釐米，此本列入第二批浙江省珍貴古籍名録，藏台州市黄岩區圖書館，今作爲附録二影印附後。

（洪振寧）

目録

稿本禮記集解

◎

〔清〕孫希旦 撰

據温州市圖書館藏稿本影印
原書高二十五點六釐米寬十
八點五釐米

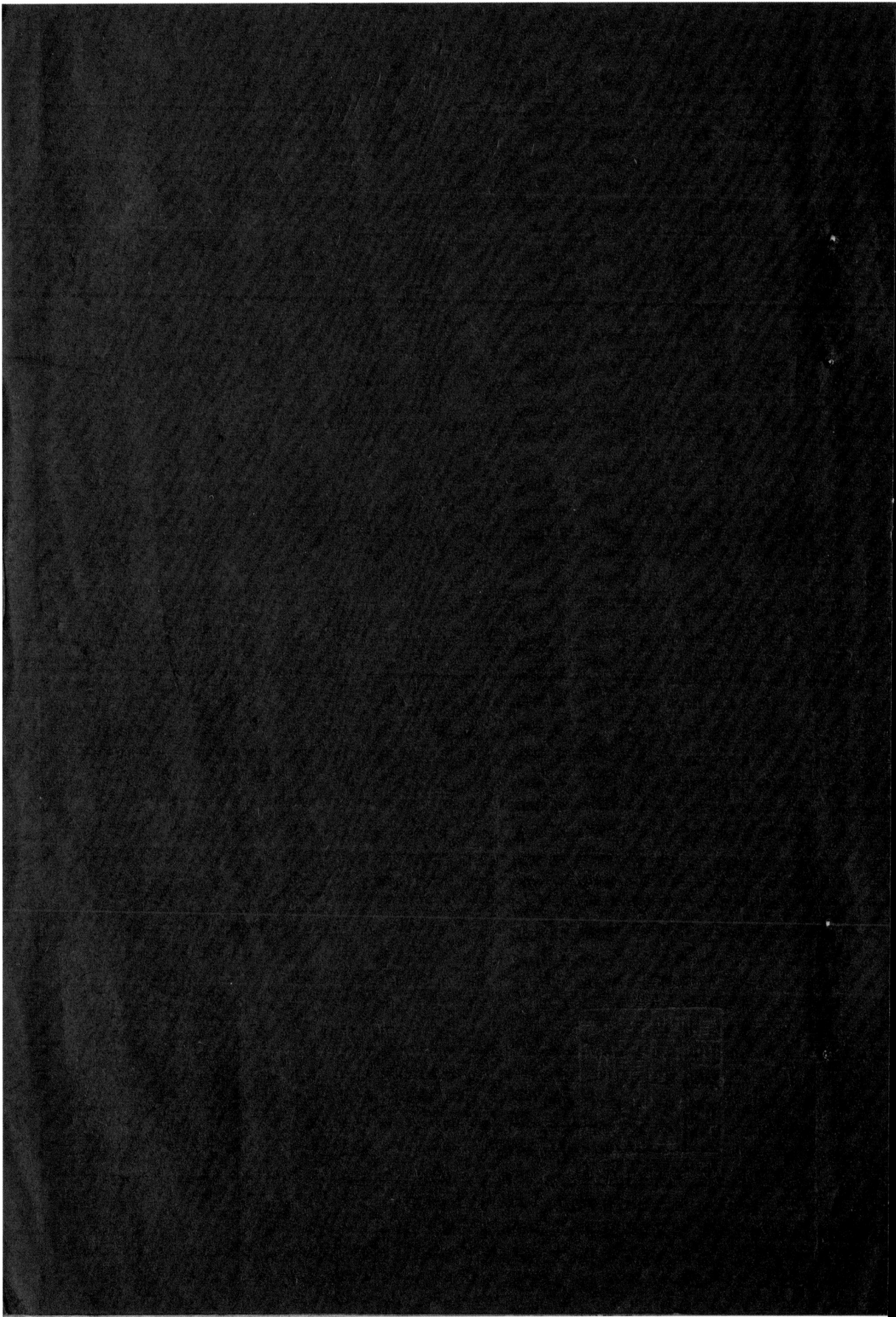

禮記卷一

曲禮上第一之一 別録屬制度

瑞安孫希旦集解

曲禮者，古禮篇之名。禮記多以簡端之語名篇，此篇名曲禮者，以篇首引之也。鄭氏謂篇中記五禮之事，故名曲禮，非是。此篇所記多禮文之細微曲折，而上篇尤致詳於言語飲食灑埽應對進退之法，蓋將使學者謹乎其外以致養乎其內，循乎其末以漸及乎其本，故朱子謂為小學之支與流裔，而首篇毋不敬之一言，則尤貫徹乎精粗內外，而小學大學皆當以此為本者也。篇分上下者，以簡策重大故也，後凡分上下篇者放此。朱子曰：禮器作經禮曲禮，而中庸以經禮為禮儀。鄭元等皆曰經禮即周禮三百六十官，曲禮即今儀禮冠昏吉凶，其中書儀三千，以其有委曲威儀，故有二名。獨臣瓚曰：周禮三百特官名耳，經禮為

儀禮一經禮二禮儀三
九字之當双行小注

冠昏吉凶蓋以儀禮為經禮也而近世括蒼葉夢得曰經禮制之凡也曲禮文之目也先王之世二者蓋皆有書藏于有司祭祀朝覲會同則太史執之以涖事小史讀之以喻衆而卿大夫授之以教萬民保氏掌之以教國子者亦此書也愚意禮篇三名儀禮一經禮二禮儀三禮器為勝諸儒之說獨葉為長蓋周禮乃制治立法設官分職之書于天下事無不該攝禮典固在其中而非專為禮設也其中或以一官兼掌衆禮或以数官通行一事亦難計其官数以充禮篇之数至于儀禮則其冠昏喪祭燕射朝聘自為經禮大目亦不容專以曲禮名之也至于儀禮十七篇而其逸見於他書者猶有投壺奔喪遷廟釁廟中霤等篇其不可見者又有古經增多三十九篇而明堂陰陽王史氏記数十篇及河間献王所輯禮樂古事多至五百餘篇儻或猶

有逸在其間者大率且以春官所領五禮之目約之則其初固當有三百餘篇亡疑矣所謂曲禮則皆禮之微文小節如今曲禮少儀内則玉藻弟子職篇所記事親事長起居飲食容貌詞氣之法制器備物宗廟宫室衣冠車旗之等凡所以行乎經禮之中者其篇之全數雖不可知然條而析之亦應不下三千有餘矣或安尊以經禮爲常禮曲禮爲變禮藍田吕氏之説石林葉氏雖言經禮制之凡曲禮文之目而亦云經禮其常曲禮其變則如冠禮之不醴而醮用酒殺牲而有折俎若孤子冠母不在之類皆禮之變而未嘗不在經禮篇中坐如尸立如齋毋放飯毋流歠之類雖在曲禮之中而不得謂之變禮其説誤也愚謂經禮曲禮之説朱子之所辨論者至矣蓋經禮即儀禮也曲禮則經禮中之儀文曲折如冠之三加昏禮之六禮士相見之授贄反見還贄鄉飲酒禮之獻賓獻介獻衆

賓之類皆是曲禮之合即為經禮之分經禮之分即為曲禮曲禮之所以為三千者蓋據經禮三百而以相十之數言之而非別有曲禮之書至于三千篇之多也至禮記中所載曲禮少儀內則玉藻與夫管子書之弟子職或詳其儀文或記其名物則又皆周末儒者各以其所傳習者記之而可補禮經之所未詳者也若此篇所引之曲禮則別為古禮篇之名非禮器所言之曲禮蓋曲禮三千即儀禮中之曲折而此所引毋不敬以下其文與儀禮不類也而此篇之為曲禮則特以篇首引曲禮而名之不可謂此篇皆曲禮之言猶檀弓首章載檀弓事而名為檀弓不可以檀弓一篇皆為檀弓一人之事也蓋此所言多雜見于他諸書如坐如尸立如齊見于大戴禮曾子事父母篇不登高不苟呰不苟笑見於大戴禮曾子本孝篇天子曰崩至庶人曰死

見大戴禮四代篇道德仁義非禮不成至樽節退讓以明禮見賈誼新書禮篇將上堂聲必揚將入戶視必下見列女傳及韓詩外傳雖其與諸書所出未知孰為先後然其言君子抱孫不抱子别引禮曰而前有車騎又為戰國時語事君三諫不從則去天子未除喪稱名諸侯失地名之類又皆春秋公羊之説知此非曲禮之完篇明矣然則曲禮有三一為儀禮中之曲折一則古禮篇之曲禮一則禮記中之曲禮也

○曲禮曰毋不敬儼若思安定辭安民哉釋文毋音無説文云止之詞其字從女內有一畫象有姦之形禁止之勿令姦古人云毋猶今人言莫案毋字與父母字不同俗本多亂讀者皆朱点毋字以作無音非也後放此疑者特復音之儼魚檢反本亦作嚴同思如字徐息嗣反○音義並用釋文有不同者及補音者别出于下

鄭氏曰禮主於敬儼矜莊貌人之生思貌必儼然安定辭審言語也孔氏曰若如也思計慮也人心有所計慮則其形狀必端

懿也程子曰主一之謂敬無適之謂一又曰但整齊嚴肅則心自一一則自無非僻之干矣朱子曰毋不敬是統言主宰處儼若思者敬者之貌也安定辭者敬者之言也安民者敬者之效也愚謂人之治其身心莫切乎敬自不睹不聞以至于應事接物無一時一事之可以不主乎此也儼若思謂容貌端嚴儼然若有所思也安者氣之和定者理之確人能事無不敬而謹于言貌若此則其效至于安民也論語言修己以敬而能安人安百姓即此意也范氏曰經禮三百曲禮三千一言以蔽之曰毋不敬

○敖不可長欲不可從志不可滿樂不可極 釋文敖五報反王肅五高反遨遊也長丁丈反盧植馬融王肅並直良反欲如字一音喻從足用反樂舊音洛皇侃音岳極如字皇紀力反

矜己凌物謂之敖敖者德之凶欲者情之私志滿則招損樂極

則必淫四者皆害於性情學問之大者克己者之所當力戒也

○賢者狎而敬之畏而愛之愛而知其惡憎而知其善積而能散安安而能遷 釋文狎户甲反

朱子曰人之常情與人親狎則敬弛有所畏敬則愛衰惟賢者乃能狎而敬之是以雖褻而不慢畏而愛之是以貌恭而情親也己之愛憎或出私心而人之善惡自有公論惟賢者存心中正乃能不以此而廢彼也愚謂狎謂所親習之人畏謂德位之可嚴憚者安安謂心安于所安凡身之所習事之所便者皆是也狎而敬之則無玩人喪德之失畏而敬之則有事賢友仁之益財物積聚而能散以與人則不至於專利而害義心安于所安而能遷以治善則不至于懷安而溺志六者皆修身進德之事惟賢者為能行此而學者之所當自勉也

臨財毋苟得臨難毋苟免很毋求勝分毋求多釋文難乃旦反很胡懇反勝舒證反分扶問反

鄭氏曰毋苟得為傷廉也毋苟免為傷義也毋求多為傷平也愚謂很者血氣之爭毋求勝為其傷和而且將有忘身及親之禍也

疑事毋質直而勿有

鄭氏曰質成也彼己俱疑而已成之終不然則傷知直正也己若不知則當稱師友而正之謙也孔氏曰彼己俱疑而來問己己亦疑則毋得成之己若不疑仍須謙退稱師友所說以正之勿為己有此義也朱子曰疑事毋質即少儀所謂毋身質言語也直而勿有謂陳我所見聽彼决擇不可據而有之專事强辨不然則是以身質言語矣愚謂據而有之若子游以禮許人是也

○若夫坐如尸立如齊釋文夫方于反丈夫也齊側皆反本亦作齋音同○今按夫當音扶發語詞舊讀為丈夫之夫非是

則必淫四者皆害於性情學問之大者克己者之所當力戒也

○賢者狎而敬之畏而愛之愛而知其惡憎而知其善積而能散安安而能遷釋文狎戶甲反

朱子曰人之常情與人親狎則敬弛有所畏敬則愛衰惟賢者乃能狎而敬之是以雖褻而不慢畏而愛之是以貌恭而情親

（書中引諸家說皆稱某氏集曰此范氏下應旁添祖禹二字）

[illegible]而人之善惡自有公論惟賢者存心中正乃能不以此而廢彼也愚謂狎謂所親習之人畏謂德位之可嚴憚者安安謂心安于所安凡身之所習事之所便者皆是也狎而敬之則無玩人喪德之失畏而敬之則有事賢友仁之益財物積聚而能散以與人則不至於專利而害義心安于所安而能遷以治善則不至于懷安而溺志六者皆修身進德之事惟賢者為能行此而學者之所當自勉也

鄭氏曰坐如尸視貌正立如齊磬且聽也齊謂祭祀時孔氏曰尸居神位坐必矜莊言人雖不為尸所在坐處必當如尸之坐人之立時雖不齊亦當如祭前之齊磬折屈身案士虞禮云無尸者主人哭坐復位祝闔牖戶如食閒是祭時主人有聽法吳氏曰祭之日為尸者有坐而無立故坐以尸為法祭者有立而無坐故立以齊為法愚謂齊鄭氏以祭時言孔氏以祭前言祭時有立無坐故立言如齊註說為長又註以磬且聽言如齊蓋謂祭祀之時主人磬折致恭而俟見愾聞如將受命然也疏引士虞禮祝闔戶如食閒以釋註義亦非是尸之坐齊之立因事而致其敬者也君子之坐立常如此則整齊嚴肅而惰慢邪僻之氣無自而入矣○朱子曰劉原父云大戴禮曾子事父事篇曰孝子惟巧變故父母安之若夫坐如尸立如齊弗訊不言言必齊

色此成人之善者也未得為人子之道也此篇蓋取彼文而若夫二字失于刪去鄭氏不知其然乃謂二句為丈夫之事誤矣

禮從宜使從俗釋文使色吏反

鄭氏曰事不可常也朱子曰宜謂事之所宜若男女授受不親而祭與喪則相授受之類俗謂彼國之俗若魏李彪以吉服弔齊齊裴昭明以凶服弔魏蓋得此意愚謂禮之為體固有一定然事變不一禮俗不同故或權乎一時之宜或隨乎他國之俗又有貴乎變而通之者也

○夫禮者所以定親疏決嫌疑別同異明是非也釋文夫音扶凡發語之端皆然後放此疏所居反或作疎決徐古穴反嫌戶恬反別彼列反

孔氏曰定親疏者五服之內大功以上服麤麤者為親小功以下服精者為疏決嫌疑者若妾為女君期女君為妾若報之則大

重降之則有舅姑為婦之嫡故全不服是決嫡也孔子之喪門人疑所服子貢請喪夫子若喪父而無服是決疑也別同異者本同今異姑姊妹是也本異今同世母叔母及子婦是也明是非者得禮為是失禮為非若主人未小斂子游裼裘而弔是也曾子襲裘而弔非也但嫡疑同異是非之屬在禮甚眾各舉一事為證而皇氏具引今亦略之愚謂彼此相淆謂之嫡是非相似謂之疑四者所該甚廣孔氏各舉喪禮一端以言之其餘亦可以類推矣

禮不妄說人不辭費（釋文說音悅又始悅反辭本又作詞同說文以詞為言詞之詞辭不受也後皆放此費芳味反）

鄭氏曰不妄說人為近佞媚也不辭費為傷信朱子曰禮有常度不為佞媚以求說于人也辭達則止不貴於多

禮不踰節不侵侮不好狎（釋文侮徐亡撫反好呼報反）

鄭氏曰：不好狎，為傷敬也。孔氏曰：禮者，所以辨尊卑、別等級，使上不逼下，下不僭上，故不踰越節度。禮主于敬，自卑而尊人，故不得侵犯侮慢于人也。朱子曰：狎謂親褻。愚謂禮主於恭敬退讓，踰節則上僭，侵侮則不讓，好狎則不敬。

脩身踐言，謂之善行。行脩言道，禮之質也。釋文：行，下孟反。

鄭氏曰：踐，履也，言履而行之。言道，言合於道。質，本也，禮為之文飾耳。孔氏曰：禮以忠信仁義為本，禮為文飾。忠信之行脩，言合於仁義之道，則可與禮為本也。愚謂脩身踐言，脩身以踐其所言也。行顧言則行無不脩矣，言顧行則言皆合道矣。人之言行篤實，乃行禮之本，所謂忠信之人可以學禮也。

禮聞取於人，不聞取人。禮聞來學，不聞往教。釋文：取于，舊七樹反，謂趣就師求道也。皇如字，謂取師之道。取人，如字，謂制師使從己。○今按二取字並如字。

鄭氏曰禮不往教尊道藝朱子曰取于人者爲人所取法也取人者人不来而我引取之也禮聞取于人故有来學不聞取人故無往教愚謂君子有教無類然必彼有求道之心而後我之教有所施若往而教之則道不尊而教不行矣

○道德仁義非禮不成

劉氏彝曰仁也義也知也信也雖有其理而無定形附于行事而後著者也惟禮事爲之物物爲之名有數有度有文有質咸有等降上下之制以載乎五常之道然則五常之道同本乎性待禮之行然後四者附之以行此禮之所以爲大而百行資之以成其德焉愚謂仁義禮知之爲人所由謂之道仁義禮智之有得於身謂之德仁義與禮雖同出於性然惟禮者天理之節文人事之儀則而細微曲折之間參差等級之度莫不有一定之

矩矱故道非禮則無以為率由之準德非禮則無以為持守之實仁非禮則無以酌施恩厚薄之等義非禮則無以得因事裁制之宜是四者非禮則不能成也

教訓正俗非禮不備

黄氏叏曰率之以身而使傚之謂教諭之以言而使循之謂訓愚謂禮者經緯萬端事為之制曲為之坊故教訓以正民俗而茍不以禮則闕略而不備也

分争辨訟非禮不決釋文辨皮勉反徐方勉反

朱子曰争見於事而有曲直分争則曲直不相交訟形于[於]言而有是非辨訟則是非不相敵禮所以正曲直明是非故此二者非禮則不能決

君臣上下父子兄弟非禮不定

孔氏曰：上謂公卿大夫，下謂士也。公卿大夫列位于上，士列位于下。吳氏澄曰：國之倫，君臣為大，上下次之；家之倫，父子為大，兄弟次之。有分有義，有恩有情，其尊卑厚薄，非禮有一定之制，不能定之。愚謂大功以上謂之昆弟，小功以下謂之兄弟，不言昆弟而言兄弟者，舉疏以包親也。

宦學事師，非禮不親。釋文：宦音患。○鄭註：學或為御。釋文云：鄭此註為見他本也，後放此。

鄭氏曰：宦，仕也。孔氏曰：熊氏云：宦謂學仕宦之事，學謂習學六藝，此二者俱是事師。左傳宣二年趙盾見靈輒餓，問之，云宦三年矣。服虔云：宦，學也。是學職事為宦也。愚謂宦謂已仕而學者，學謂未仕而學者。故學記云：凡學，官先事，士先志。王制云：六十不親學。明未六十，雖已仕猶親學也。宦學皆有師，然非事之以禮，則學者怠，教者倦，而師弟之情不親矣。

班朝治軍涖官行法非禮威儀嚴不行釋文朝直遥反涖本亦作莅徐音利沈力二反又力位反

鄭氏曰班次也涖臨也孔氏曰朝朝廷也次謂司士正朝儀之位次也治軍謂治師旅卒伍各正其部分也涖臨也官謂卿大夫各有職事行法謂司寇士師明刑法也愚謂四者之事必以禮肅之不然則上慢下怠而徒為文具矣

禱祠祭祀供給鬼神非禮不誠不莊釋文禱丁老反祠音詞共音恭本或作供莊側良反徐側亮反

孔氏曰周禮註云求福曰禱得福曰祠呂氏澄曰禱祠者因事之祭祭祀者常事之祭皆有牲幣以供給鬼神必依于禮然後其心誠實其容莊肅

校本疏及周礼註改

是以君子恭敬撙節退讓以明禮釋文撙祖本反

鄭氏曰撙趨也孔氏曰君子是有德有爵之通稱何氏云在貌為恭在心為敬孔氏曰君子是有德有爵之通稱又康成註少

十二字複出宜節去何眉

儀云君子卿大夫若有道德者凡禮有深疑則稱君子以正之
撙趨也節法度也言恒趨于法度應進而却曰退應受而辭曰
讓君子以德言之愚謂恭敬撙節退讓六字平列荀子不恤是
非然不然之情以相薦撙楊倞註曰撙抑也漢書王吉傳伏軾
撙銜臣瓚曰撙促也師古曰撙挫也楊雄賦曰齋總總撙撙其
相膠葛亦是相迫促之意鄭氏訓為趨當讀為趨數煩志之趨
疏以趨向之義觧之非矣有所抑而不敢肆謂之撙有所制而
不敢過謂之節恭敬所以盡禮之實撙節所以約禮之用退讓
所以達禮之文凡事不可以無禮故君子必恭敬撙節退讓以
明之禮主其减故也。凡君子有專以德言者鄭註鄉飲酒禮
云君子國中有德者此篇君子恭敬撙節退讓以明禮博聞強
識而讓敦善行而不怠謂之君子君子不盡人之歡皆此義也

有兼德與位言之者鄭註少儀云君子卿大夫若有道德者又註士相見禮云君子謂卿大夫及國中賢者此篇屢言侍坐于君子皆此義也又有專以人君言者君子式黃髮下卿位君子將營宮室宗廟為先是也

鸚鵡能言不離飛鳥猩猩能言不離禽獸今人而無禮雖能言不亦禽獸之心乎夫唯禽獸無禮故父子聚麀釋文嬰本或作鸚厄耕反母本或作鵡同音武諸葛恪茂后反離力智反狌本又作猩音生禽獸盧植本作走獸麀音憂○今經文係孔疏本陸氏本經文與孔閒有不同故此經鸚鵡字釋文作嬰母後放此

鄭氏曰聚猶共也鹿牝曰麀孔氏曰爾雅云猩猩小而好啼郭璞山海經云人面豕身能言語今交趾封谿縣出猩猩狀如獾㹠聲如兒啼爾雅云二足而羽謂之禽四足而毛謂之獸鸚鵡是禽猩猩是獸今並云禽獸者凡語有通別別而言之羽則曰禽毛則曰獸所以然者禽者擒也言鳥力小可擒捉而取之獸

者守也言其力多不易可擒須圍守乃獲也通而言之鳥不可曰獸獸亦可曰禽故易云王用三驅失前禽周禮司馬職云大獸公之小禽私之周禮又云以禽作六摯卿羔大夫鴈白虎通云禽者鳥獸之總名以其小獸可擒故得而名禽也愚謂鸚鵡猩猩能言而不離乎禽獸者以其無禮故也人而無禮則與禽獸無以別矣聚共也麀牝獸也父子共麀言其無別之甚

是故聖人作為禮以教人使人以有禮知自別於禽獸是故石經作是以

呂氏大臨曰夫人之血氣嗜欲視聽食息與禽獸異者幾希特禽獸之言與人異爾然猩猩鸚鵡亦或能之是則所以貴于禽萬獸物者蓋有理義存焉聖人因理義之同制為之禮然後父子有親君臣有義男女有別人道之所以立而與天地參也縱恣怠敖滅天理而窮人欲將與馬牛犬彘之無辨是果于自暴自棄

而不欲齒于人類者乎

○大上貴德其次務施報禮尚往来往而不来非禮也来而不往亦非禮也釋文大音泰施始豉反

鄭氏曰大上皇帝之稱世其民施而不惟報三王之世禮始興焉愚謂大上上古之時其次謂後王也施德於人謂之施答人之施謂之報禮之從來遠矣與天地並但上古之時人心淳樸而禮制未備惟貴施德於人而不必相報然施之有報乃理之當然而情之不可以已者故後王有作制為交際往来之禮稱情立文而禮制於是大備矣

人有禮則安無禮則危故曰禮者不可不學也

禮所以治人情脩人義尚辭讓去争奪故人必有禮然後身安而國家可保也自天子至於庶人未有無禮而不危者

夫禮者自卑而尊人雖負販者必有尊也而況富貴乎釋文販方萬反

鄭氏曰負販者尤輕恌志利宜若無禮焉愚謂恭敬辭讓之心

人皆有之故雖負販者必有所尊而况於富貴乎

富貴而知好禮則不驕不淫貧賤而知好禮則志不懾釋文好呼報反懾之涉反

鄭氏曰懾猶怯惑馬氏晞孟曰富貴之所以驕淫貧賤之所以怯懾者以内無素定之分而與物為輕重也好禮則有得于内而在外者莫能奪矣

○人生十年曰幼學二十曰弱冠三十曰壯有室四十曰強而仕五十曰艾服官政六十曰耆指使七十曰老而傳八十九十曰耄七年曰悼悼與耄雖有罪不加刑焉百年曰期頤釋文冠古亂反艾五蓋反謂蒼艾色也又音刈治也耆渠夷反傳直專反沈直戀反八十九十曰旄本又作耄同忘報反本或作八十曰耋九十曰耄悼徒報反頤羊支反○期朱子讀居宜反○朱子曰陸農師點人生十年曰幼為句學字作一句下至百年曰期皆然愚謂鄭氏解幼學云名曰幼時始可學也則本于幼字讀斷孔疏始以幼學弱冠相連解之失鄭氏之意矣

鄭氏曰十年名曰幼時始可學也内則曰十年出就外傅居宿于外學書計有室有妻也妻曰室艾老也指使指事使人也六

十不與服戎不親學傳傳家事任子孫也是謂宗子之父耄惛忘也春秋傳曰謂老將知耄又及之悼憐愛也不加刑愛幼而尊老頤養也孔氏曰幼者自始生至十九時故檀弓云幼名三月為名稱幼冠禮云棄爾幼志是十九以前為幼學就業也二十成人始加冠体猶未壯故曰弱也至二十九通得名弱三十而立血氣已定故曰壯壯有妻妻居室中故呼妻為室不云有妻而云有室者含妾媵也三十九以前通名曰壯壯久則強故四十曰強強有二義一則智慮強二則氣力強也四十九以前通曰強至五十氣力已衰髮蒼白色如艾五十堪為大夫大夫得專治其官政故曰服官政也耆至也至老境也六十不得執事但指事使人也六十至老境而未全七十全至老境故曰老也既老則傳授家事付委子孫不復指使也案庶子年老亦得傳付子孫而鄭

栗先生謂傳為傳重然皆引孔疏重仍作事為是

林趙作識慮為是

惟云宗子者庶子授家事于子非相傳之事傳者上受祖父之重下傳子孫子孫所傳家事祭祀為重若非宗子無由傳之但七十之時祭祀之事猶親為之其視濯溉則子孫故序卦註云謂父退居田里不能脩祭宗廟長子當親視滌濯鬯俎是也若至八十祭亦不為故王制云八十齊喪之事不及也註云不齊則不祭也耄者僻謬也人或八十而耄或九十而耄故並言二時也悼者幼無知識慮耄者可尊敬雖有罪而同不加其刑辟也周禮司刺有三赦一曰幼弱二曰老耄三曰惷愚鄭註云若今時律令未滿八歲八十以上非手殺人他皆不坐也呂氏大臨曰仕者為士以事人治官府之小事也服官政者為大夫以長人治官府之大事也材可用則使之仕德成則命為大夫非無早成夙知之才也蓋養天下之材至于成就而後用之則收功博如不待其

悼按衛集説改

元本戴氏上有○

成而用之所謂賊夫人之子以政學者也耄者老而知已衰悼者幼而知未及二者雖有罪而情不出于故故不加刑焉百年者飲食居處動作無所不待于養方氏慤曰人生以百年為期故百年以期名之朱子曰期與朞字同論語期可已矣周匝之義期謂百年已周頤謂當養而已期如上句幼弱耄耋悼等字順如上句學冠不刑等字愚謂傳者喪服傳所謂傳重也曾子問曰宗子雖七十無無主婦則宗子七十主祭故鄭氏謂七十使子孫視滌濯而祭猶親之也●戴氏溪曰聖人制禮以律天下壯者服其勞老者安其逸未用者無躁進之心當退者無不知足之戒每十年為一節而人心有定向矣愚謂二十而冠三十有室四十而仕五十服官政亦制為大限如此耳喪服有為夫姊之長殤又有大夫為昆弟之長殤則大夫士之冠昏未必皆至于二

十三十而材德秀異者其為士大夫亦有不待乎四十五十者矣

大夫七十而致事

鄭氏曰致其所掌之事于君而告老劉氏敞曰古者大夫七十而致事君曰是猶足以佐國家社稷也留之不可失也君雖留之臣曰不可貪人之榮不可慁人之朝不可塞人之路再拜稽首反其室君亦不強焉義也毋奪其爵毋除其祿毋去其采邑終其身而已矣此古者致事之義也古之仕者為道也非為食也為君也非為己也為國也非為家也是以時進則進時止則止

若不得謝則必賜之几杖行役以婦人適四方乘安車

鄭氏曰謝猶聽也君必有命勞苦辭謝之其有德尚壯則不聽耳几杖婦人安車所以養其身体也安車坐乘若今小車也孔氏曰謝猶聽許也君若許其罷職必辭謝云在朝日久劬勞歲

積是許其致事也今不得聽是有德尚壯猶堪掌事不聽去也熊氏云不聽致事則祭義云七十杖于朝聽致事則王制云七十杖于國八十杖于朝行役謂本國巡行役事婦人能養人故許自隨也適四方謂遠聘異國安車小車也亦老人所宜然此養老之具在國及出皆得用之今言行役婦人四方安車則相互也愚謂賜之几使于朝中治事之所憑之以為安也賜之杖使于入朝之時持之以自扶也几杖不入君門君賜之則得以入朝

自稱曰老夫於其國則稱名

鄭氏曰老夫老人稱也亦明君貪賢春秋傳曰老夫耄矣於其國則稱名君雖尊異之自稱猶若臣孔氏曰註引左傳證老臣對他國人自稱老夫也于其國謂自與其君言也雖老猶自稱名也案玉藻云上大夫曰下臣下大夫自名是上大夫于己君自稱為下

臣下大夫于己君稱名此既自稱老夫宜是上大夫而稱名從下大夫者既被君尊異故臣亦謙退從下大夫之例而稱名也愚謂臣于君無不稱名者玉藻上大夫曰下臣下大夫自名者謂上大夫自稱曰下臣某下大夫直稱名而已此老臣稱于他國曰老夫而於其國尚稱名與平日同不敢自尊異也疏說非是

越國而問焉必告以其制

鄭氏曰鄰國來問必問于老者以答之制法制孔氏曰鄰國來問君必問于老賢老賢則稱國之舊制以對他國君之問也愚謂明習于國家之舊典故事而使四方之國有所取正焉此老成人之所以可貴也

○謀於長者必操几杖以從之長者問不辭讓而對非禮也釋文長竹丈反下皆同操七刀反

鄭氏曰從猶就也長者問當謝不敏如曾子之為孔氏曰操執

持也杖可以策身几可以扶己俱是養尊者之物故于謀議之時持就之陳氏祥道曰辭者無所受于己讓者有所推于人曾子之謝不敏所謂辭也子路之率爾而對非所謂讓也呂氏祖謙曰古者弟子見長者不敢以賓客之禮見長者處未必無几杖所以攜而從之者蓋存養其弟讓之心也與長者語須是虛心而受若率爾而對自以為能便是實了此心雖有法語之言精微之理亦不能入

○凡為人子之禮冬溫而夏凊昏定而晨省釋文夏遐嫁反凊七性反字從冫冰冷也本或作水旁者非也

鄭氏曰定安其牀衽也省問其安否何如孔氏曰冬溫夏凊是四時之法昏定晨省是一日之法先昏後晨兼示經宿之禮熊氏云晨省者案內則云同宮則雞初鳴異宮則昧爽而朝方氏慤曰冬則溫之以禦其寒夏則凊之以辟其暑昏則定之以奠

其居晨則省之以問其安也呂氏大臨曰內則父母將衽奉席請何趾此昏定之事也子事父母鷄鳴適父母之所問衣燠寒此晨省之事也朱子曰溫凊定省雖有四時一日之異然一日之閒正當隨時隨處省察其或溫或凊之宜也

按諸本並作儕

在醜夷不爭

鄭氏曰醜衆也夷猶儕也孔氏曰醜夷皆等類之名貴賤相臨則有畏憚朋儕等輩喜爭勝負忘身及親故戒之呂氏大臨曰事親者居上不驕為下不亂在醜不爭三者不除雖日用三牲之養猶為不孝也孝經引此三者此獨云在醜夷不爭者上下驕亂之禍為少而醜夷之爭多也愚謂此為少者設戒故但言在醜夷不爭

○夫為人子者三賜不及車馬

鄭氏曰三賜三命也凡仕者一命而受爵再命而受衣服三命

而受車馬受車馬而身所以尊者備矣卿大夫士之子不受不敢以成尊比踰于父天子諸侯之子不受自卑遠于君孔氏曰大宗伯云一命受職職則爵也又宗伯三命受位鄭云始有不吞不受而列位于王朝今言受車馬者三命受位即受車馬所以許受三命不受車馬者命是榮美光顯祖父故受也車馬是安身身安不關祖父故不受也不云不受而云不及者明非惟外迹不受抑亦心所不及于此賜也呂氏大臨曰事宗子者不敢以富貴入宗子之家雖衆車徒舍于外以寡約入則事親者車馬之盛宜在所不受也朱子曰按左氏傳魯叔孫豹聘于王王賜之大路豹以上卿無路而不敢乘疑此不及車馬亦謂受之而不敢用耳若天子之賜又爵秩所當得豈容獨辭而不受耶愚謂衣服車馬所以賜有功也三賜不及車馬者賜物車馬

為重雖有三命之尊猶不及于此也不及以心言非以事言疏
之說已得之而呂氏得其比例之確朱子盡其情事之詳三說
參觀之其義乃備

故州閭鄉黨稱其孝也兄弟親戚稱其慈也僚友稱其弟也執友稱
其仁也交遊稱其信也僚本又作寮了彫反弟大計反

鄭氏曰不敢受重賜者心也如此而五者備有焉周禮二十五
家為閭四閭為族五族為黨五黨為州五州為鄉僚友官同者
執友志同者孔氏曰慈者篤愛之心兄弟內外通稱親疏交接
並見其慈而稱之孝子能接同官不敢踰越等級故稱其事長
之弟同師之友意趣相得綢繆切磋故見其仁恩而稱之交遊
汎交也交遊本資信合故稱其信呂氏大臨曰五者之稱不同
各以其所見言之也州閭鄉黨觀其行者也見其所以敬親者

故稱其孝兄弟親戚責其恩者也順于父母者親親之愛必隆故稱其慈僚友見其有所讓者也有遜弟之心故稱其弟執友者友其德德莫盛于孝孝者仁之本故稱其仁交遊主于信知其誠心于孝也故稱其信

見父之執不謂之進不敢進不謂之退不敢退不問不敢對此孝子之行也釋文行下孟反

鄭氏曰敬父同志如事父孔氏曰自上詣下曰見如字自下朝上曰見賢遍反父執謂執友與父志同者也或故往見賢遍反或途中相見如字也

○夫為人子者出必告反必面所遊必有常所習必有業釋文告古毒反

鄭氏曰告面同耳反言面者從外来宜知親之顔色安否有常有業緣親之意欲知之呂氏大臨曰出必告反必面受命于親

而不敢專也所遊必有常所習必有業體親之愛而不敢貽其憂也親之愛子至矣所遊必欲其安所習必欲其正苟輕身而不自愛則非所以養其志也

（陈原作臣僕子孫）

恒言不稱老

鄭氏曰廣敬　黄氏（幹）曰人子對父母常言須避老字一則傷父母之心一則孝子不忍斥言非謂人子身自稱老也

年長以倍則父事之十年以長則兄事之五年以長則肩隨之

鄭氏曰年長以倍謂年二十（於）至四十者人年二十弱冠成人有為父之端今四十於二十未（者）有子道内則曰年二十惇行孝弟

孔氏曰父事之即父黨隨行也兄事之正差退而雁行也肩隨（肩随者與之並行差退）肩隨者與之並行差退謂並行而差退吴氏（澄）曰此謂道路長幼同行之節父事王制所謂父之齒隨行也兄事王制所謂兄

（於字者字據鄭注改　肩随者句是鄭注原稿不删但塗抹未明鈔者因屬孔疏内校者疑其重複点去非是）

之齒鴈行也肩隨王制所謂朋友不相踰也○孔氏曰未二十童子則無此禮以其未能惇行孝弟論語云與先生並行愚謂鄭氏謂年長以倍謂年二十而四十者此畧舉以見例可也至其引內則年二十惇行孝弟則似謂二十方有此禮孔氏遂謂未二十童子無此禮誤矣此篇所言灑埽應對進退辭讓之節乃內則所謂幼儀正所以教童子若二十惇行孝弟則其事不止于此矣孔子言闕黨童子與先生並行正謂其不知隨行長者之禮非謂禮當如是也

羣居五人則長者必異席

鄭氏曰席以四人為節因宜有所尊孔氏曰古者地敷橫席席容四人則推長者一人居席端若有五人應一人别席因推長者一人異席也愚謂席之度九尺足以容四人也○馬氏睎孟曰其出

也不並行其居也不同席敬長如此則民之犯上而踰禮者鮮矣

○為人子者居不主奧坐不中席行不中道立不中門釋文奧烏報反沈于六反

鄭氏曰謂與父同宮者也不敢當其尊處室中西南隅謂之奧道有左右中門謂棖闑之中内則曰由命士以上父子皆異宮

孔氏曰主猶坐也室戶近東南角西南隅隱奧無事故名為奧尊者居必主奧人子不宜處之一席四人則席端為上獨坐則席中為尊尊者宜獨則坐居席中卑者不得坐也男女各路路各有中尊者當行正路卑者不得行也門中有闑兩旁有棖棖闑之中尊者所立人子不當之而立也四事皆與父同宮者異宮則不禁有命既尊各有子孫臣隸應敬己故也

食饗不為槩釋文食音嗣饗本又作享香兩反槩古愛反

鄭氏曰槩量也不制待賓客饌具之所有孔氏曰士大夫相来

任設于饗食制設饌具由事由尊者所裁子不得輒豫限量多少也熊氏云謂傳家事任子孫若不傳家事則子無待賓之事

祭祀不爲尸

（按本注作爲其失子之道此爲失字誤倒）

鄭氏曰尊者之處失其爲子之道然則尸卜筮無父者孔氏曰尸代尊者之處故人子不爲也愚謂宗廟之尸用所祭者之孫爲之父在而爲尸其父必與于祭將以尊臨其父爲人子者所不可安也

聽于無聲視于無形

鄭氏曰恒若親之將有教使然孔氏曰謂雖不聞父母之聲不見父母之形然想像視聽似見形聞聲而將有教使已然也

不登高不臨深不苟訾不苟笑釋文訾音紫沘又將知反

鄭氏曰爲其近危辱也人之性不欲見訾毀不欲見笑君子樂

然後笑孔氏曰苟且也相毁曰訾不樂而笑為苟笑彼雖有是非而已苟譏毁訾笑之皆非彼所欲必反見毁辱故孝子不為也愚謂登高恐墜臨深恐溺二者皆近于危苟訾似讒苟笑似諂二者皆近于辱少儀曰毋訾重器又曰毋訾衣服成器是非

但字下不字衍

但不于人不苟訾于物亦然

○孝子不服闇不登危懼辱親也

鄭氏曰服事也闇冥也不于闇冥之中從事為卒有非常且嫌失禮也男女夜行以燭孔氏曰不行事于闇中一則為卒有非常一則為生物嫌

父母存不許友以死不有私財

鄭氏曰不許友以死為忘親也死為報仇讎孔氏曰親存須供養則孝子不可死也若許友報仇怨而死是忘親也親亡則得

為友報仇故周禮主友之讎視從父兄弟家事統于尊財關尊者故不有私財愚謂白虎通義云朋友之道親在不得行者二不得許友以其身不得專通財之恩不許友以死即不許友以身也不有私財即不得專通財之恩也

○為人子者父母存冠衣不純素釋文純諸允反又之閏反下同

鄭氏曰為其有喪象也純緣也玉藻曰縞冠元武子姓之冠也縞冠素紕既祥之冠也深衣曰具父母衣純以青孔氏曰冠純謂冠飾也衣純謂衣領緣也禮具父母大父母衣純以繢具父母衣純以青故親存不得純素也愚謂吉冠之純未聞以大祥縞冠素紕推之則冠純之色當與冠同而其物則精與此冠謂燕居之冠也衣謂深衣也以其用于燕私故或純采或純素若禮服之冠與其中衣飾有一定不因父母之存沒而異也

孤子當室冠衣不純采

鄭氏曰早喪親雖除喪不忘哀也三十有室有代親之端不為孤也當室適子也深衣曰孤子衣純以素孔氏曰深衣云孤子衣純以素則適庶皆然今云當室則似庶子不同通者有二云凡子皆然豈惟當室但嫡子內理蒸嘗外交宗族代親既備嫌或不同故特明之故鄭引深衣証凡孤悉同也崔靈恩云當室之孤內理蒸嘗外交宗族所履之事莫不傷心故特純素不當室則純采呂氏大臨曰少而無父母者雖人之窮然既除喪矣冠衣猶不改素則無窮也先王制禮豈可獨遂其無窮之情哉故惟當室者行之非當室者則不然也深衣之言畧矣愚謂深衣云具父母衣純以青孤子衣純以素是非具父母即為孤子矣鄭云未三十無父者乃為孤非也孔氏謂凡孤皆不純采崔

氏謂惟當室者不純采呂氏說與崔氏同朱子則存孔氏之說然考問喪云童子不緦唯當室緦緦者其免也當室則免而杖矣是童子當室者之服皆重于其不當室者若此冠衣不純采凡孤皆然則不必嫌當室者之不然而特明之矣今特言孤子當室則是惟當室者有此禮而餘孤不然也蓋以適子傳重所感彌深故也深衣不言孤子〔當室〕乃文畧爾

○幼子常視毋誑 釋文視音示誑本或作迋同九況反

鄭氏曰視今之示字必〔小〕未有所知當〔常〕示以正物以正教之毋誑欺孔氏曰幼子常習效長者長者常示以正事不可示以欺誑

劉氏彝曰幼子之性純明自天未有外物生其好惡無所學而不可成故視之以誠信則誠信篤于其心矣視之以詐偽則詐偽篤于其心矣

謂下衣上疏原有深字按先生衣謂深衣二本改似

孤子當室冠衣不純采

鄭氏曰早喪親雖除喪不忘哀也三十有室有代親之端不為孤也當室適子也深衣曰孤子衣純以素孔氏曰深衣云孤子衣純以素則適庶皆然今云當室則似庶子不同通者有二云凡子皆然豈惟當室但嫡子內理蒸嘗外交宗族代親既備孀或不同故特明之故鄭引深衣証凡孤悉同也崔靈恩云當室之孤內理蒸嘗外交宗族所履之事莫不傷心故特純素不當室則純采呂氏大臨曰少而無父母者雖人之窮然既除喪矣冠衣猶不改素則無窮也先王制禮豈可獨遂其無窮之情哉故惟當室者行之非當室者則不然也深衣之言畧矣愚謂深衣云具父母衣純以青孤子衣純以素是非具父母即為孤子矣鄭云未三十無父者乃為孤非也孔氏謂凡孤皆不純采崔

童子不衣裘裳釋文衣於既反

鄭氏曰裘大温消陰氣使不堪苦不衣裘裳便易孔氏曰衣猶著也童子体熱不宜著裘大温傷陰氣也又應給役若著裳則不便故童子並緇布袴襦也內則曰二十可以衣裘裳愚謂不衣裘謂褻服也成人褻服冬有裘夏有葛春秋有襺袍絅褶之屬童子雖冬不衣裘服襺袍而已不衣裳謂外服也下文云兩手摳衣去齊尺玉藻云童子緇布衣錦緣弟子職云振衽埽席童子之衣有齊有緣有衽則深衣之制也成人燕居服深衣其禮服則有元端朝服之屬童子惟服深衣衣裳相連無殊衣裳之服也盖元端朝服之屬衣冠相配冠乃服之童子未冠自無服裳之法非徒欲其便易也

立必正方不傾聽

葉氏曰習其自端正孔氏曰立宜正向一方不得傾頭屬聽左右呂氏大臨曰立必正所向之方或東或西或南或北不使之偏有所向也士相見禮云凡燕見于君必辨君之南面若不得則正方不疑君疑君者謂斜嚮之不正方也不傾聽者頭容直

長者與之提攜則兩手奉長者之手負劍辟咡詔之則掩口而對釋文

提大兮反攜戶圭反奉芳勇反又扶恭反下奉扃奉席皆同辟匹亦反徐芳益反詑扶亦反咡徐如志反掩於檢反

鄭氏曰兩手奉長者之手習其扶持者長提攜謂牽將行負謂置之於背劍謂挾之於旁辟咡詔之謂傾頭與語口旁曰咡使之掩口而對習其鄉尊者屏氣也孔氏曰兩手奉長者之手為兒長大方當供養扶侍長者故先使學之也劍謂挾于脅下如帶劍也長者負兒之時傾頭與語必教之使掩口而對恐氣觸人也張子曰古之小兒便能敬尊長者與之提攜則兩手奉

童子不衣裘裳釋文衣於既反

鄭氏曰裘大温消陰氣使不堪苦不衣裘裳便易孔氏曰衣猶著也童子体體熱不宜著裘大温傷陰氣也又應給役若著裳則不便故童子並緇布袴襦也內則曰二十可以衣裘裳愚謂不衣裘謂褻服也成人褻服冬有裘夏有葛春秋有繭袍絅褶之

裘服繭袍而已不衣裳謂外服也下文云兩

又按疏引崔靈恩說未亦云深衣不云當室者文畧尔

手摳衣去齊尺玉藻云童子緇布衣錦緣弟子職云振衽埽席

童子之衣有齊有緣有衽則深衣之制也成人燕居服深衣其

深衣不言孤子當作深衣不言當室或作深當室誤

禮服則有元端朝服之屬[illegible]服深衣衣裳相連無殊衣裳之月也盖元端卓服之屬衣冠相配冠乃服之童子未冠自無

服裳之法非徒欲其便易也

立必正方不傾聽

長者之手問之則掩口而對蓋稍不敬事便不忠信故教小兒
且先教安詳恭敬

從于先生不越路而與人言遭先生于道趨而進正立拱手先生與
之言則對不與之言則趨而退釋文從才用反下皆同拱俱勇反

鄭氏曰先生老人教學者不越路而與人言尊不二也正立拱
手為有教使趨而退為其不欲與己並行孔氏曰稱師為先生
者言彼先已而生其德多厚也自稱為弟子者言已自處如弟
子尊師如父兄也而論語云有酒食先生饌則先生之號亦通
父兄崔靈恩云凡言先生謂年德俱高又教道于物者凡云長
者直以年為稱也凡為君子者皆以為有德尊之不據年之長
幼故所稱不同也案書傳畧說云大夫士七十而致仕大夫為
父師士為少師教于州里儀禮鄉射註云先生鄉大夫致仕者

或云老人教學者則通凡老而教學者未必皆致仕者見師而而起敬故疾趨而進就之又不敢斥問先生所為故正立拱手而俟先生之教愚謂不與言則退者不敢以無事稽先生之行也註說非是蓋此童子既知禮自能隨行後長先生不必以與己並行為慮也

從長者而上丘陵則必鄉長者所視釋文上時掌反下同鄉許亮反後文皆同

鄭氏曰為遠視不察有所問

登城不指城上不呼釋文呼火故反

鄭氏曰為惑人

卷二

乙卯正月四五日錫鬯校一過

禮記卷二

曲禮上第一之二　　瑞安孫希旦集解

將適舍，求毋固。

鄭氏曰謂行而就人館固猶常也求主人物不可以故常或所乏無孔氏曰舍主人家也黄氏幹曰註義或迂求毋固者謂凡求物於主人毋固必隨其有無愚謂自此以下至必慎唯諾皆言適舍之法蓋燕見之禮也故下文言將上堂聲必揚將入戶視必下皆為燕見不將命故也毋固之義鄭氏與黄氏雖異而皆以為有求於主人之法然下文方言上堂入戶此發端乃遽言求主人之物非其序也固謂鄙野而不達於禮下篇云輟朝而顧君子謂之固哀公問曰寡人固左傳我偏固而授之末此言將適人之所居凡事當求合禮而不可失之鄙野下文所

汲古刻注疏戸外有二屨[illegible]今上[illegible]唯諸[illegible]

言皆毋固之事也

將上堂聲必揚戸外有二屨言聞則入言不聞則不入釋文屨紀具反聞音問又如字

鄭氏曰聲必揚警内人也孔氏曰屨人註云複下曰舄單下曰屨室有兩人故戸外有二屨此謂兩人体敵故二屨在外鄉飲酒無筭爵賓主皆降脱屨於堂下体敵故也若尊卑不同則長者一人脱屨於戸外故少儀云排闔脱屨於戸内者一人而已矣是也二屨是有二人或請問密事若兩人語聞於戸外則外人乃可入也熊氏以為一人之屨在戸内其戸外有二屨則三人也義亦通也愚謂二屨謂二兩也凡席於堂者賓主体敵則屨皆解於堂下有尊者則尊者之屨在堂上鄉飲酒禮無算爵賓主皆降脱屨升堂体敵故也燕禮賓及卿大夫皆説屨升就席不言公降説屨公尊屨在堂上也席於室者賓主体敵則屨

皆解於戶外有尊者則尊者之屨在戶內少儀排闔脫屨於戶內者一人而已矣是也戶外有二屨無尊者則二人也有尊者則三人也而其言不聞於外或密謀私事故不可入而干之

將入戶視必下入戶奉扃視瞻毋回釋文視常止反徐又音示沈又市志反扃古熒反何云關也一云門扇上環鈕瞻徐音如字

鄭氏曰不干人之私也奉扃敬也孔氏曰禮有鼏扃所以關鼏關戶之木亦得稱扃凡奉扃必兩手向心今入戶雖不奉扃其手對戶若奉扃然言恭敬也視瞻毋回初入時不得回轉廣有瞻視也愚謂奉扃言其拱手高正之狀視必下謂在戶外將入時視瞻毋回謂甫入時也

戶開亦開戶闔亦闔有後入者闔而勿遂釋文闔胡臘反

鄭氏曰亦開亦闔不以後來變於先入者闔而勿遂示不拒人孔氏曰闔而勿遂謂徐徐作闔勢以待後入不得遽闔以拒人

毋踐屨毋踏席摳衣趨隅必慎唯諾釋文踏在亦反一音席摳苦侯反趨七俱反本又作走徐音奏又如字唯于癸反徐于比反沈以水反諾乃各反

鄭氏曰趨隅升席必由下也慎唯諾者不先舉見問乃應孔氏曰踐蹋也既並脱屨戶外其人既多後進者不得蹋先入者屨也踏猶躐也將就坐當從下而升當己位上不發初從上也摳提也衣裳也唯咏吟也咏也諾應辭也既坐定又慎於應對也愚謂此言無踐屨於入戶之後則非踐戶外之屨矣所毋踐者謂長者之屨解於戶內者也毋踏席者升席必由下此是數人連坐之席以後為下當由後而升若升從席前則為踏席也摳衣衣裳相連故言摳衣其寔是摳深衣之裳也鄉射禮注云脱屨則摳衣為其被地蓋衣被地則污且或傾跌也趨隅者升席由後故必趨向室隅乃得轉向席後而升也○孔氏曰玉藻云升席

咏本疏及下文唯而起疏皆作咏然字書咏不訓應辭玉篇廣韻集韻等字書亦補咏字音義不同此左傳號之曰牛曰唯釋文唯應辭猶吟也廣韻吟應聲集韻吟本作嗇據此○吟應作吟

咏字是改吟字也○但不宜徑改防字應加案語如右

按阮本疏正作吟

不由前為躐席自是不由席前升與此別鄉飲酒云賓升席自西方注云升由下也升必中席彼謂近主人為上故以西為下與此同也朱子曰此是衆人共坐一席既云當己位上即須立於席後乃得當己位上蓋以前為上後為下也正與玉藻義同鄉飲乃是特設賓席一人之坐故以西為下而自席下之中升而即席與此異也愚謂凡燕坐之席衆人連坐者以席之前後為上下蓋以人之所向為上所背為下此與玉藻所言者是也玉藻云升席不由前註云升必由下下即後前即上也行禮之席一人專坐者以席之首尾為上下鄉飲酒禮賓席於戶外以西頭為下主人席於阼階介席於西階皆以南頭為下是也人之升降皆由下而不由上禮席與燕席一也孔疏謂此與玉藻異而反以鄉飲酒禮為證誤矣

疏作淨為勝

大夫士出入君門由闑右不踐閾釋文闑魚列反閾于逼反又況域反

鄭氏曰由闑右臣統於君也闑門橛閾門限也孔氏曰門以向堂為正右在東主人位在門東客位在門西大夫士是臣臣統於君不敢自同於賓故出入君門恒從闑東也士之朝位雖在西方東面入時仍依闑東踐閾者一則自高二則不恪並為不敬愚謂疏謂門以向堂為正以明此出入由闑右之背為闑東是也然門之左右所指不定據向堂言之則以東為右此記由右闑是也據南向言之則以西為右士虞禮側亨於廟門外之右是也若人之出入於門則入以東為右下文云主人入門而右客入門而左是也出以東為左士冠禮主人宿賓賓出門左主人迎賓出門左是也

○凡與客入者每門讓於客客至於寢門則主人請入為席然後出迎

客客固辭主人肅客而入

鄭氏曰每門讓於客下賓也敵者迎於大門外聘禮曰君迎賓於大門內為猶敷也客固辭又讓先入肅進也進客謂道之孔氏曰固如故也禮有三辭初曰禮辭再曰固辭三曰終辭肅進也公食大夫禮曰公揖入賓從是也愚謂與客入者客在大門外主人出迎之而與之入也士相見禮賓奉贄在門左主人再拜受賓再拜送贄出主人請見賓反見此所言乃賓反見而主人與之入之禮也蓋執贄相見者主人受贄於門內而賓遂出禮雖已成而情尚未洽故主人復迎之而入與之揖讓升堂以盡賓主之歡也凡者凡大夫士也迎於大門外者敵者之禮也每門者自大門以至寢門也案儀禮凡主人與客入皆主人先而客從所以道之也此乃云每門讓於客者蓋主人雖當道

客必先以讓客而客辭然後主人先入而客從之也寢門正寢之門也禮先設席而後迎賓此客至於寢門主人乃請為席者欲更正之示謹重也客固辭者辭主人之先入為席也事同曰讓事異曰辭固辭再辭也肅客而入者客既辭主人遂道客以入也○孔疏以朝聘之禮辭此經然朝聘皆在廟聘禮歸饔餼問卿及公食大夫冠禮昏禮納采亦皆在廟與此言客至寢門者不合燕禮雖在寢然君燕己之臣子君不迎燕聘賓迎于大門內與此言每門讓于客者不合若以為兩君相見又與下文言客若降等者不合故知此為士相見禮反見之禮無疑也鄭氏云請入為席雖君亦然非也此反見乃大夫士之禮若臣見于君奠贄則退無反見之禮也又鄭氏云客固辭又讓先入孔疏云主人鋪席竟出而迎客再辭不先入也亦非也客固辭辭主

人之先入為席非辭先入也主人請入為席然後出迎客客固辭主人肅客而入與下文客若降等則就主人之階客（主人）固辭然後客復就西階文勢正同所謂請入為席者將請而未嘗入也客辭之則止矣

主人入門而右客入門而左主人就東階客就西階客若降等則就主人之階主人固辭然後客復就西階釋文復音服後此音更不重出

鄭氏曰降下也謂大夫於君士於大夫也不敢輒由其階卑統于尊不敢自專復就西階復其正孔氏曰降等卑下之客也不敢亢禮故就主人階是繼屬於主人案聘禮云公迎賓賓不就主人階公食大夫禮公迎賓賓入門左註左西方此皆是降等不就主人階者以聘禮及公食大夫禮並奉己君之命不可苟下主人故從客禮也若君燕其臣則宰夫為主人主人與賓皆

從西階升與此殊也聘禮賓面主國大夫是敵禮賓亦入門右鄭云見私事雖敵賓猶讓入門右為若降等然愚謂客就主人之階謂入門而右也主人固辭然後客復就西階謂轉而向左也主人與客之辭讓皆在門内乃以階言之者指其將就是階之道也

主人與客讓登主人先登客從之拾級聚足連步以上上於東階則先右足上於西階則先左足釋文拾依注音涉級音急上時掌反○今按拾字當音其劫反

鄭氏曰拾當為涉聲之誤也級等也涉等聚足謂前足躡一等後足從之并連步以上重蹉跌也連步謂足相隨不相過也上東階先右足上西階先左足近於相鄉敬愚謂主人先登者亦所以道客也拾更也如投壺拾投射者拾發之拾級等也拾級謂主人既升第一級客乃發足升第一級客既升第一級主人

乃發足升第二級主人與客更拾而升也鄉射禮云上射先升三等下射從之中等中等中間一級也先升三等而中僅間一級則升階拾級之法可見矣聚足後足從前足而并不栗階也足聚則步連矣○凡升階之法賓尊於主則賓升一等而主從之聘禮歸饔餼大夫先升一等賓從大夫銜主君之命尊也賓問卿賓先升一等大夫從賓銜聘君之命尊也主尊於賓則主升二等而賓從之聘禮及公食禮皆公升二等而賓升是也賓主敵者則主升一等而賓從之聘禮賓儐大夫賓升一等大夫從賓面大夫大夫先升一等賓從是也然主升二等而賓從亦惟臣與君升則然若主人為大夫賓為士亦不過主升一等而賓升耳鄉飲酒禮鄉大夫尊於賓但言主人升賓從不言主人升二等可見矣此云主人先登客從之謂主人升一等而客從

授授本注依聘禮文改

凡趨字當正寫

之雖降等之客亦然疏謂主人前升至第二級客乃升中間一級非是

○帷薄之外不趨堂上不趨執玉不趨堂上接武堂下布武室中不翔釋文帷位悲反薄平博反

鄭氏曰帷薄之外不趨不見尊者行自由不為容也入則容行而張足曰趨堂上不趨為其迫也堂下則趨執玉不趨志重玉也聘禮曰上介受賓玉於廟門外疏云引聘禮證賓有執玉於堂下時武迹也迹相接謂每移足半躡之中人之武尺二寸布武謂每移足各自成迹不相躡室中不翔又為其迫也行而張拱曰翔孔氏曰帷幔也薄簾也禮天子外屏諸侯內屏卿大夫以簾士以帷禮緯文見郊特牲疏趨謂行而張足疾趨敬也貴賤各有臣吏臣來朝君至屏而加肅屏外不趨也言帷薄謂大夫士也其外不趨其內可趨

為敬也堂上不趨亦謂不疾趨堂上迫狹故也下階則趨故論語云沒階趨執玉須慎不論堂之上下皆不疾趨也賓執玉進入門内不疾趨而為徐趨玉藻云圈豚行不舉足齊如流註云孔子執圭則然又云執龜玉舉前曳踵蹜蹜如也註云著徐趨之事也愚謂玉藻趨有疾趨徐趨二法疾趨起屨離地徐趨舉前曳踵帷薄之外不趨此以不為容而不趨非惟不疾趨并不必徐趨矣堂上地迫不能趨也執玉重慎不敢趨也此二者但不疾趨耳當徐趨也故聘禮記將授志趨是執玉徐趨也堂上接武即徐趨堂下布武即疾趨也疾趨張足則布武矣此云堂上接武堂下布武者常法也玉藻君與尸行接武大夫繼武士中武以疏數為尊卑之差乃君與臣相與行禮之法所謂君行一臣行二也

○並坐不橫肱授立不跪授坐不立釋文並如字又步頂反後放此肱古泓反跪求委反本又作危授坐本又作俛仰

鄭氏曰不橫肱為害旁人不跪不立為煩尊者俛仰受之愚謂坐與跪皆以兩膝着地直身而股不著於蹠則為跪以股就蹠則為坐坐所以為安跪所以為敬授立不跪為煩人之坐而受也授坐不立為煩人之起而受也○朱子曰古人之坐者兩膝著地因反其蹠而坐於其上故儀禮曰坐取爵曰坐奠爵禮記曰坐而遷之曰一坐再至曰武坐致右軒左老子曰坐進此道之類凡言坐者皆謂跪也然記又言授立不跪授坐不立莊子亦云跪坐而進之則跪與坐又似有小異疑跪有危義故兩膝著地伸腰及股而勢危者為跪兩膝著地以尻著蹠而稍安者為坐也又詩云不遑啟居而其傳以啓為跪爾雅以妥為安坐夫以啓對居而訓啟為跪則居之為坐可見以妥為安定之坐

則跪之為危坐亦可知蓋兩事相似但一危一安為小異耳愚謂跪即大祝九拜之震動也跪或謂之長跪亦曰長跽史記秦王跽而請索隱曰跽者長跽古詩長跪問故夫蓋坐以尻就蹠而稍短跪則竦身直股而稍長矣弟子職云亦有據膝毋有隱肘此坐之節也坐必先脫屨蓋坐以尻就蹠著屨則妨於坐故也跪則不必脫屨故拜不脫屨也然跪亦或謂之坐而坐不可謂之跪故孔疏云坐名通跪跪名不通坐

凡為長者糞之禮必加帚於箕上以袂拘而退其塵不及長者以箕自鄉而扱之釋文為于偽反糞本又作糞徐音奮帚之手反箕音基袂武世反拘古侯反徐音俱扱依註音吸許急反○今按扱當如如字側洽反

鄭氏曰加帚於箕上得兩手奉箕恭也謂初執而往時也弟子職曰執箕膺揭厥中有帚以袂拘而退謂埽時也以袂擁帚之

前埽而却行之扱讀曰吸謂收糞時也箕去棄物以鄉尊者則不恭孔氏曰拘謂障也當埽時却退以一手捉帚又一手舉衣袂以拘障於帚前且埽且退故曰拘而退必讀扱爲吸者以其穢物少吸然則盡不得爲一扱再扱故讀從吸也呂氏大臨曰扱讀如尸扱以柶祭羊鉶之扱謂箕扱於糞如柶扱於鉶也糞除布席役之至賤者也古之童子爲長者役而其心安焉蓋古者教養之道必本諸孝弟孝弟之心雖生於惻隱恭敬之端而其行常在於洒埽應對執事趨走之際蓋人之有血氣者未有安於事人者也今使知長者之可敬甘爲僕御而不辭是所以存其良心折其傲慢之氣然後可與進於道愚謂扱當如字說文扱收也謂以帚收斂所糞於箕也

奉席如橋衡 釋文橋居廟反

鄭氏曰橫奉之令左昂右低如有首尾然橋井上桔槔衡上低昂孔氏曰奉席如橋之衡衡橫也席舒則有首尾卷則無首尾此謂奉卷席之法故云如有首尾然

請席何鄉請衽何趾釋文衽而審反趾音止

鄭氏曰順尊者所安也衽卧席也坐問鄉卧問趾因於陰陽愚謂此謂始布衽席之法也弟子職曰先生將息弟子皆起敬奉枕席問何所趾俶衽則請有常則否君子之居恒當户寢必東首然又或順乎一時之宜故為長者設衽席必先請其所欲也

席南鄉北鄉以西方為上東鄉西鄉以南方為上

鄭氏曰上席端也坐在陽則上左坐在陰則上右孔氏曰上謂席首所在也凡坐隨乎陰陽坐在陽則貴左坐在陰則貴右南坐是陽其左在西北坐是陰其右亦在西東坐是陽其左在南

西坐定陰具右亦在南也此謂尋常布席之法若禮席則不然案鄉飲酒禮註云賓席牖前南面主人席阼階上西面介席西階上東面並與此不同也愚謂此室中布席之法也室中之席尊者在西南隅東鄉南上故東鄉西鄉以南方為上東鄉西鄉以西方為上皆統於尊者故也故士昏禮婦盥饋舅姑並席于奧南上婦餕席于北墉下西上

若非飲食之客則布席席間函丈釋文函胡南反丈如字丈尺之丈王肅作杖○鄭註丈或為杖

鄭氏曰謂講問之客也函猶容也講問宜相對容丈足以指畫也飲食之客布席於牖前孔氏曰飲食之客布席不須相對若講問之客布席相對須講說指畫使相見也文王世子云侍坐於大司成遠近間三席席之制三尺三寸三分[redacted]寸之一則三席是一丈故鄭云容丈也王肅以為杖言古人講說用杖指畫

此丈當依疏作杖

故容丈也。然二家可會。愚謂此亦謂室中布席之法也。饗食燕之正禮，賓席于牖閒。若尋常燕食，則有席於室者，其席蓋賓在西南隅東向，而主人在北牖下南向也。非飲食之客，謂凡以事相諮者，其席蓋賓在西南隅東向，而主人在戶內之西東向對之也。鄭氏以此為講問之客，蓋據文王世子言之。然以下文主人跪正席及客徹重席觀之，則此乃敵體之客，而與主人非有教學之分者，蓋非飲食之客，其布席皆函丈，不但講問為然也。

主人跪正席，客跪撫席而辭。客徹重席，主人固辭。客踐席，乃坐。釋文：重，直龍反。

鄭氏曰：雖來講問，猶以客禮待之，異於弟子。撫之者，答主人之親正。徹，去也。去重席，謙也。再辭曰固。客踐席乃坐者，客坐，主人乃敢安也。孔氏曰：撫，謂以手按止之也。禮器云：諸侯席三重，大夫再重。又鄉飲酒之禮，公三重，大夫再重。是尊者多，卑者少，故主人爲客多設重席，客讓而自徹也；固辭再辭止客之自徹也。踐履也，客踐席乃坐者，客遂履席將坐，主人待客坐乃坐也。愚謂重席蓋一種席而重之者也。大夫席再重，士不重，此客有重席不辨大夫士者，禮器謂行禮之席，此尋常待客之法也。然大夫之重席以二種席重之，公食禮蒲筵尋加莞席常是也，此一種席而重之，則亦異乎大夫之再重矣。客徹重席者，不敢自異於主人也。禮有三辭：一辭曰禮辭，再辭曰固辭，三辭曰終辭。凡禮辭者其辭皆不行，冠禮宿賓賓禮辭許，鄉飲酒、鄉射宿賓賓禮辭許，士相見禮若嘗爲臣者則禮辭其贄是也。凡終辭其辭皆行，士相見禮士見于大夫終贄其贄是也。若固辭則有行者，有不行者，士相見禮主人對曰某也固辭不得命，將走見，又曰某也固辭不得命，敢不敬從，此皆固辭而不行者也。客固辭主人肅客而入主人固辭然後客復就西階客徹重席主人固辭客踐席乃坐此皆固辭而行者也主人跪正席客跪撫席而辭客徹重席主人固辭此皆敵者之禮鄭氏以為講問之客非也

主人不問客不先舉

鄭氏曰客自外来宜問其安否無恙反所為来故愚謂客来詣已則主人宜問其所為来然後客舉其所欲言者告之若客先舉則近於卒遽

○将即席容毋怍兩手摳衣去齊尺衣毋撥足毋蹶先生書策琴瑟在前坐而遷之戒勿越釋文怍才洛反齊音咨本又作齋撥半末反蹶本又作蹷居衛反又求月反筴本又作策初革反○孔疏以足毋蹶以上屬上若非飲食之客為一節今按自此以下至稱先生言弟子見師即席講問之禮與上言賓主敵体之禮不同又其文皆用韵席字作字尺字為韵撥字蹷字越字為韵前字安字顔字言字為韵容字恭字同字王字為韵當為一節不宜與上文相屬

鄭氏曰怍顔色変也齊謂裳下緝也撥發揚貌蹶行遽貌戒勿越廣敬也在前謂當行之前孔氏曰摳提挈也衣謂裳也將就席之時以兩手提裳令裳下緝去地一尺恐轉足躡履之也足毋蹶者謂勿得行遽恐有蹶蹪之貌也策篇簡也坐亦跪也坐名通跪跪名不通坐越踰也愚謂怍者色慚変也幼者之色易於慚変故戒之言去齊尺則所摳者裳也而曰摳衣者深衣衣裳相連也趍走則衣易撥開行易卒遽毋撥毋蹶皆為其失容也

虚坐盡後食坐盡前坐必安執爾顔長者不及毋儳言釋文盡津忍反儳徐士鑒反又蒼鑒反又蒼陥反

鄭氏曰盡後謙也盡前為汙席執猶守也儳猶暫也非類雜孔氏曰虚空也空謂非飲食坐也盡後不敢近前以為謙也玉藻云徒坐不盡席尺是也食坐飲食坐也俎豆皆陳席前若坐近

後則濺汚席故盡前也玉藻云讀書食則齊豆去席尺是也凡坐好自搖動故戒令坐安久坐好異故戒令如嚮者無怍顏容也長者猶先生也亙言耳儳暫也及謂所及之事也長者正論甲事未及乙事少者不得輒以乙事雜甲事暫然雜錯長者之說朱子曰說文云儳亙不齊也儳言儳長者之先而言也愚謂上言將即席之法此又言既即席之法也毋儳言謂長者才與甲言未與乙言則乙不得以己言儳雜之論語曰言未及之而言謂之躁是也

正爾容聽必恭毋勦說毋雷同必則古昔稱先王釋文勦初交反一音初教反說如字徐舒銳反

鄭氏曰正爾容聽必恭聽先生之言既說又敬勦猶擥也謂取人之說以為己說雷之發聲物無不同時應者人之言當各由己不當然也則古昔稱先王言必有依據孔氏曰語當稱師友

無得擥人說以為已語則法也言雖不當雷同又不得專輒必法於古昔之正所言之事必稱先王愚謂此謂長者既言及之則其容貌應對當如此也即席之時既執爾顏先生言及之則當益正其容而恭敬以聽也勦說則掠美雷同則無識既戒是二者而或游談不根妄自立說又不可也故又當則古昔稱先王古昔言其時先王言其人稱先王正所以則古昔也自將即席至此皆弟子見師即席講問之法也

○侍坐於先生先生問焉終則對釋文坐才卧反後放此

鄭氏曰不敢錯亂尊者之言

請業則起請益則起

鄭氏曰尊師重道也起若今摳衣前請也業謂篇卷也益謂受說不了欲師更明說之子路問政子曰先之勞之請益曰無倦

父召無諾先生召無諾唯而起釋文唯于癸反徐于比反

鄭氏曰應辭唯恭於諾孔氏曰父與先生呼召稱唯唯㖷也不得稱諾其稱諾則似寬緩驕慢但今人稱諾猶古之稱唯其意急今之稱㖷猶古之稱諾其意緩是古今異也

侍坐於所尊敬毋餘席見同等不起

鄭氏曰毋餘席必去其所近尊者之端為有後來者見同等不起不為私敬孔氏曰坐於近尊者之端勿使有空餘之席欲得親近先生備擬顧問且擬後人之來闕在下空處以待之也同等後來不為之起尊敬先生不敢曲為私敬也愚謂弟子職曰後至就席狹坐則起是非狹坐則不為之起也

燭至起食至起上客起

鄭氏曰燭至起異晝夜食至起為饌變上客起敬尊者孔氏曰

上客謂尊者之上客也尊者見之則起故侍者宜從之而起愚謂燭至起者當起而執燭也弟子職曰昏將舉火執燭隅坐是也食至起者當起而饋饌也弟子職曰先生將食弟子饌饋攝衽盥漱跪坐而饋是也上客起者既隨長者而起且為當給使令也弟子職曰若有賓客弟子駿作對客無讓應且遂行趍進受命所求雖不得必以反命是也

校疏行

燭不見跋 釋文見賢遍反跋本末反

鄭氏曰跋本也燭盡則去之嫌若燼多有厭倦孔氏曰跋本把也古者未有蠟燭唯呼火炬為燭炬盡則燕所燃殘本恐客見殘本積多則知夜深慮主人厭倦欲或辭是也愚謂不見跋謂出而棄之弟子職曰有墮代燭交坐無倍尊者乃取厭櫛遂出是去是也蓋燭本不淨故不置於席旁而使之露見恐先生見

燼

此跋字下當脱廣疏添本也字把下添處字別本引孔氏疏云跋本把處也先生或仍之而又落處字耳按跋本也疏引小爾雅文而釋之曰本把處也此據相對之詞本把二字不連讀而當以把處也三字連讀

之而生憎惡亦所以為敬也註疏專以待賓客言之非是

尊客之前不叱狗（釋文叱尺質反狗古口反）

鄭氏曰主人於尊客之前不敢倦嫌若風去之孔氏曰尊客至而主人叱狗則似厭倦其客欲去之也卑客亦當然舉尊為甚

方氏慤曰不以至賤駭尊者之聽

讓食不唾（釋文唾吐卧反）

鄭氏曰嫌有憎惡呂氏大臨曰嫌若訾主人食亦不敬也

侍坐於君子君子欠伸撰杖屨視日蚤莫侍坐者請出矣（釋文欠卯劒反伸音身撰似轉反屨紀具反下同蚤音早莫音暮）

鄭氏曰以君子有倦意也撰猶持也孔氏曰君子志疲則欠體疲則伸撰杖屨者君子自執杖在坐著屨升堂脫之在側若倦則自撰持之也視日蚤莫者君子或瞻視庭影望日蚤莫也禮

卑賤者請進不請退退由尊者今尊者為上諸事皆是欲起之漸故侍坐者得請出矣愚謂諸事皆君子厭倦之容故侍坐者得請出俾尊者之意也

侍坐於君子君子問更端則起而對

鄭氏曰離席對敬異事也君子必令復坐

侍坐於君子若有告者曰少間願有復也則左右屏而待釋文間音閑

鄭氏曰復白也言欲少須空間有所白也屏猶退也隱也呂氏大臨曰人倦閒而有復則屏而待不敢干其私也

○毋側聽毋噭應毋淫視毋怠荒遊毋倨立毋跛坐毋箕寢毋伏歛髮毋髢冠毋免勞毋袒暑毋褰裳釋文噭古弔反視如字徐市志反倨音據跛彼義反又波我反徐方寄反髢徒細反袒徒旱反褰起連反○鄭註髢或為肄

鄭氏曰毋側聽嫌探人之私也側聽耳屬於垣毋噭應以下皆

原本作跋本把也按別本引孔氏疏云跋本把扅也先生或作之而落其扅字耳從跋本也疏引小爾雅文又自釋之曰本把扅也此據持相訓之同故照本疏正之

[illegible]以待賓客言之非是

鄭氏曰主人於尊客之前不[illegible]嫌若風去之孔氏曰尊客至而主人叱狗則似厭倦其客欲去之也卑客亦當然舉尊為甚

方氏慤曰不以至賤駭尊者之聽

讓食不唾釋文唾吐卧反

鄭氏曰嫌有憎惡呂氏大臨曰嫌若訾主人食亦不敬也

侍坐於君子君子欠伸撰杖屨視日蚤莫侍坐者請出矣釋文欠丘劒反伸音身撰似轉反屨紀具反下同蚤音早莫音暮

鄭氏曰以君子有倦意也撰猶持也孔氏曰君子志疲則欠體疲則伸撰杖屨者君子自執杖在坐著屨升堂脫之在側若倦則自撰持之也視日蚤莫者君子或瞻視庭影望日蚤莫也禮

為其不敬嗷呼豨之聲也淫視邪眄也怠荒放散身體也跛偏任也伏覆也髢髮也毋垂餘如髮也免去也褰袪也孔氏曰凡人當正立不得傾欹側聽嬿探人之私也嗷謂聲響高急應答宜徐徐而和不得高急如叫也淫謂流移也瞻視當直不得流動邪眄也怠荒謂身體放縱不自拘斂也遊行也身當恭敬不得倨慢也跛偏也謂挈舉一足一足蹋地立宜如齊雙足並立不得偏也箕謂舒展兩足狀如箕舌也寢卧也伏覆也卧當或側或仰而不覆也髢髮也髮以纚韜之不使垂如髮也愚謂此節通戒容儀之法孔疏蒙上侍君子為義非是

○侍坐於長者屨不上於堂解屨不敢當階釋文上時掌反

鄭氏曰不上於堂屨賤空則不陳於尊者之側不敢當階為妨後升者孔氏曰屨不上於堂者長者在堂而侍者屨賤故解於

階下不著上堂若長者在室則侍皆得著屨上堂而不得入室也解脱也愚謂安坐必先脱屨侍者統於長者當就主人之階解屨不敢當階則當解於東階之東也

就屨跪而舉之屏於側

鄭氏曰謂獨退也就猶著也屏亦不當階愚謂此侍者退而長者不送之者也解屨固不當階矣又必跪而舉之屏於側者長者在堂不敢對尊者著屨故必跪而舉之而轉就旁側乃著屨也側謂堂下東序之東長者所不見之處玉藻隐辟而後屨是也

鄉長者而屨跪而遷屨俯而納屨鄭註遷或為還

鄭氏曰謂長者送之也不得屏遷之而已俯俛也納内也孔氏曰内屨不跪者若跪則足向後不便也雖不並跪亦坐左納右坐右納左愚謂侍者退而長者送之則當鄉長者著屨屨不當

階必遷之轉就階側乃得鄉長者而屨也

○離坐離立毋往參焉離立者不出中間

鄭氏曰爲干人私也離兩也孔氏曰若見兩人併坐或兩人併立恐密有所論則已不得輒往參預之也又若見有二人併立當己行路則避之不得出其中間也不云離坐者道路非安坐之地故不云坐也

○男女不雜坐不同椸枷不同巾櫛不親授釋文椸羊支反枷本又作架徐音嫁古本無此字櫛側乙反

鄭氏曰自此至弗與同器而食皆爲重別防淫亂不雜坐謂男子在堂女子在房也椸可以架衣者呂氏大臨曰男女不雜坐經雖無文然喪祭之禮男女之位異矣男子在堂則女子在房男子在堂下則女子在堂上男子在東方則女子在西方坐亦宜然陳氏澔曰植者曰楎橫者曰椸枷與架同置衣服之具也

巾以帨潔櫛以理髮此四者皆所以遠私褻之嫌

嫂叔不通問諸母不漱裳釋文嫂字又作𡡉素早反漱悉侯反

鄭氏曰通問謂相稱謝也諸母庶母也漱澣也庶母賤可使漱衣不可使漱裳裳賤尊之者亦所以遠別孔氏曰諸母謂父之諸妾有子者諸母不可使漱裳欲尊崇於兄弟之母又欲遠別也

外言不入於梱內言不出於梱釋文梱本又作閫苦本反

鄭氏曰外言內言男女之職也不出入者不以相問也孔氏曰梱門限也外言男職也內言女職也男職在於官政不得令婦人預之故不入於梱女職織紝男子不得濫預故不出於梱愚謂此以嚴外內之限也

女子許嫁纓非有大故不入其門

鄭氏曰女子許嫁纓有從人之端也大故宮中有災變若疾病

按本注及公羊傳改

乃後入也女子有宮者亦謂由命士以上也春秋傳曰羣公子之宮合則已畢矣孔氏曰女子婦人通稱也婦人質弱必有繫屬故恒繫纓纓有二時一是少時常繫香纓內則云男女未冠笄衿纓鄭以為佩香纓不云纓之形制一是許嫁時繫纓昏禮主人入親説婦纓鄭註云婦人十五許嫁笄而禮之因者纓明有繫也蓋以五采為之其制未聞又內則云婦事舅姑衿纓鄭云婦人有纓亦繫屬也以此而言有二纓也婦人之衿纓即是五采者故鄭云亦繫屬也

姑姊妹女子子已嫁而反兄弟弗與同席而坐弗與同器而食

孔氏曰女子子謂已之女也男子卑稱子女子則重言子者案鄭註喪服云别於男子故云女子子兄弟弗與同席而坐弗與同器而食未嫁亦然今嫌嫁或有異故明之皆為重別防淫亂

也不云姪及父唯云兄弟姪父尊卑殊不嬻也愚謂謂女子子亦子也但曰女子則無以著其為子但曰子則無以別其為女故兼而稱之内則七年男女不同席不共食此云既嫁而反者明雖嫁猶然也上云姑姊妹女子子而下言兄弟惟據姊妹者舉其中以該上下避文繁也孔氏謂姪父尊卑殊不嬻非也

父子不同席

鄭氏曰異尊卑也愚謂註説非也此子亦謂女子子也但言子者蒙上可知也上言兄弟弗與同席而坐弗與同器而食既據姊妹以見姑與女子子矣又言此者嬻父之於女尊親兼極或無事乎遠別故又明之父子不同席則亦不同器而食可知也

男女非有行媒不相知名非受幣不交不親釋文媒音梅不相知本或作不相知名名行字耳○今按據註當有名字孔疏本為長

鄭氏曰有媒往来傳昏姻之言乃相知姓名重别有禮乃相纏固愚謂行媒謂媒妁之往来也士昏記昏辭曰吾子有惠貺室某也鄭云某壻名此以男之名達之於女家也昏禮問名問女之名也此以女之名達之於男家也幣納徵之幣也庶人緇幣五兩大夫士元纁束帛諸侯加以大璋天子加以穀圭既納吉而後納幣納幣而昏姻之禮定交謂交際往来若執贄以相見是也親謂相親近若親御授綏親之也是也

故日月以告君齊戒以告鬼神為酒食以名鄉黨僚友以厚其别也釋文齊側皆反别彼列反

鄭氏曰周禮凡取判妻入子者媒氏書之以告君謂此也昏禮凡受女之禮皆於廟為神席以告鬼神謂此也為酒食以名鄉黨僚友會賓客也厚重慎也愚謂日月以告君者内則子生書

曰某年某月某日某生以告閭史閭史獻諸州史州史獻諸州伯意娶妻者其禮亦若此小司徒鄉師等皆云稽其夫家盖即據諸此也鬼神謂祖禰也士昏禮不告廟然左傳鄭公子忽娶於陳先配而後祖陳鍼子譏之楚公子圍娶於鄭亦言布几筵告於莊共之廟則大夫以上有告廟之禮也同官為僚同志為友為酒食以召鄉黨僚友者昏禮有饗送者之禮鄉黨僚友盖亦有與於斯禮者與男女有別故其合也不可以苟昏禮慎重如此所以厚男女之別也

取妻不取同姓故買妾不知其姓則卜之釋文取七住反下賀娶妻同

鄭氏曰為其近禽獸也妾賤或時非媵取之於賤者世無本繫

孔氏曰郊特牲云無別無義禽獸之道也不取同姓為其近禽獸也諸侯取一國之女二國同姓以姪娣媵大夫士取亦有妾

按左傳昭元年疏

媵或時非此媵類取於賤者不知何姓之後但卜得吉者取之顧氏炎武曰天地之化專則不生兩則生故叔詹言男女同姓其生不蕃而子產之告叔向云內官不及同姓美先盡矣則相生疾晉司空季子之告公子曰異德合姓鄭史伯之對桓公曰先王聘后於異姓務和同也聲一無聽物一無文是知禮不娶同姓者非但防嫌亦以戒獨也愚謂娶妻不娶同姓固兼有遠嫌戒獨之義而此節所言則主於遠嫌厚別之義而已然男女同姓其生不蕃卜之而吉則其非同姓可知矣

寡婦之子非有見焉弗與為友釋文見賢遍反

鄭氏曰遠嫌也有見謂有奇才卓然衆人所知孔氏曰寡婦無夫若其子有奇才異行則可與之為友若此子凡庸而已與往來則於寡婦有嫌也○自男女不雜坐至此明男女遠嫌厚別之禮

◎賀取妻者曰某子使某聞子有客使某羞

鄭氏曰謂不在賓客中使人往者羞進也言進於客古者謂候為進其禮蓋乘壺酒束脩若犬也不斥主人昏禮不賀孔氏曰某子賀者名使某使自謂也呂氏大臨曰賀者以物遺人而有所慶也昏禮不賀人之序也雖曰不賀然為酒食以召鄉黨僚友則問遺不可廢也故其辭舍曰昏禮而曰有客則所以羞者佐其供具之費以待鄉黨僚友而已非賀也言賀因俗之名

◎貧者不以貨財為禮老者不以筋力為禮釋文筋音斤

鄭氏曰禮許儉不非無也年五十始杖八十拜君命一坐再至愚謂貨財筋力所以行禮也然人之所無而不可強者君子有所不責焉所以通禮之窮也

◎名子者不以國不以日月不以隱疾不以山川

譽按注改

鄭氏曰此在常語之中為後難諱也春秋傳曰名終將諱之隱疾衣中之疾也謂若黑臂黑肱矣疾在外者尚可指擿此則無時可辟杜氏預曰隱痛疾病辟不祥也孔氏曰名子不以國者不以本國為名如他國則得為名故桓十三年衛侯晋卒襄十五年晋侯周卒是也不以日月者不以甲乙丙丁為名殷家得以為名者殷卒不諱名故也然案春秋魯僖公名申蔡莊公名甲午者周末乱世不能如禮或以為不以日月二字為名也皆為其難避也愚謂日謂支干也日以支干相配為名月謂晦朔弦望或曰謂十二月之名爾雅正月曰陬二月曰如之屬是也

○左傳魯申繻曰名不以國不以官不以山川不以隱疾不以牲畜不以器幣周人以諱事神名終將諱之故以國則廢名以官則廢職以山川則廢主以牲畜則廢祀以器幣則廢禮晋以

僖侯廢司徒宋以武公廢司空先君獻武廢二山是以大物不可以命愚謂周人以諱事神謂不正稱其名耳非謂他處皆避之也書言惟有歷年詩言克昌厥後駿發爾私此即王季文武之名也則諱名之法可見矣周末文勝而諱避繁故有如此記與申繻之所言者雖然臣子尊其君父聞名心瞿有忠敬之心焉固非禮之訾也

男女異長釋文長竹丈反

鄭氏曰各自為伯季也

男子二十冠而字釋文冠古亂反

鄭氏曰成人矣敬其名

父前子名君前臣名

鄭氏曰對至尊無小大皆稱名孔氏曰君前臣名者成十六年

鄢陵之戰陷于淖欒書欲載晋侯鍼曰書退鍼是書之子對晋侯而稱書是於君前臣名其父也賈氏公彦曰名受於父母為質字受於賓為文故君父之前稱名至於他人則稱字胡氏銓曰宣十五年申犀謂楚王曰毋畏知死而不敢廢王命襄二十一年欒盈謂王行人曰陪臣書皆名其父於君前也於他國君亦然成三年荀罃謂楚王曰以賜君之外臣首愚謂成人雖為之字然對君而言臣對父而言子則皆稱其名謂卿大夫於君前名其僚友子於父前名其兄弟蓋至尊之前無私敬也統以父則皆子統以君則皆臣故對父雖弟亦名其兄對君雖子亦名其父也

女子許嫁笄而字釋文笄古兮反

鄭氏曰以許嫁為成人陳氏澔曰許嫁則十五而笄未許嫁則

二十而笄。愚謂男子冠而婦人笄，然冠之年有一定，而笄之年無定。内則曰女子十五而笄，蓋自十五以前未可許嫁也。至十五始可許嫁，許嫁則笄矣。然許嫁不必皆十五，即笄亦不必皆十五也。故於男子言二十而冠，而女子之笄不著言其年也。○自名子者至此，記男女名字之法。

卷三

乙卯正月六七日鏘鳴校一過

禮記卷三

瑞安孫希旦集解

曲禮上第一之三

凡進食之禮，左殽右胾，食居人之左，羹居人之右，膾炙處外，醯醬處内，蔥渫處末，酒漿處右。

釋文殽户交反胾側吏反食音嗣徐音自羹古衡反舊音衡膾古外反炙章夜反醯徐音海本或作醯呼兮反醬子匠反渫以制反漿子羊反字亦作漿

鄭氏曰皆便食也殽骨體也胾切肉也食飯屬也居人左右明其近也殽在俎胾在豆近醯醬者食之主膾炙皆在豆渫烝蔥也言末者殊加也渫在豆酒漿處羹之右此言若酒若漿耳兩有之則左酒右漿此大夫士與賓客燕食之禮其禮食則宜放公食大夫禮云孔氏曰熟肉帶骨而臠曰殽純肉切之曰胾骨是陽故在左肉是陰故在右食飯燥為陽故居左羹湿是陰故在右此醯醬徐音作海則醯之與醬兩物各别按公食大夫禮

宰夫自東房授醯醬公設之鄭註云以醯和醬也則醯醬共為一物醯之與醢其義皆通未知孰是儀禮正禮惟有菹醢無葱渫故知葱渫殊加也愚謂食饌具之總名也骨剛為陽肉柔為陰食燥為陽羹湿為陰或左或右者順其陰陽也食羹係人言之者明其在廚前而最近人也肉聶而切之曰膾公食禮作鮨炙炙肉也醢肉醬也周禮註云作醢及臡者必先膊乾其肉乃後莝之雜以粱麴及鹽漬以美酒塗置甀中百日則成矣凡胾與膾必配醢設之公食禮及内則三牲之胾及牛鮨牛膾皆有醢特牲禮羞庶羞四豆有醢少牢禮羞胾兩瓦豆有醢此有胾有膾則有醢必矣豆數必偶胾也膾也炙也醢也庶羞之四豆也醬為食之主下云客自前跪執飯齊以授相者註云齊醬屬是也膾炙處外處醯醬之外也醯醬處内處膾炙之内也酒清

醢亦當改醯〻舊作醢疏言之鄭未有此說也

醴漿胾漿也公食禮酒在豆東漿在稻西此禮亦當兼有酒漿漿處右酒處左弟子職云左酒右漿也乃云酒漿處右者酒漿雖並設而食畢但飲漿故據所飲者言之也葱渫處末者處殽之外以其最遠於食也故言末焉殽在俎食在敦羹及膾炙醢醬葱渫在豆酒漿在觶其設之在左者食最近人其外殽其外葱渫而酒在食之左在右者羹最近人其外胾胾外炙炙右膾膾内醢醢内醬而漿在羹之右食與羹殽與胾之間蓋容人焉弟子職曰羹胾中别胾在醬前其設要方公食禮曰庶羞設於稻南簋西閒容人此大夫士與賓客燕食之禮故無正豆正豆尊不用於燕食也鄭氏謂膾炙處外醢醬處内為在殽胾之内外今按炙胾膾醢為庶羞之四豆其設之當在一處若如鄭說則膾炙醢三者或左或右非設饌之法也

以脯脩置者左朐右末釋文朐其俱反

鄭氏曰亦便食也屈中曰朐孔氏曰脯訓始始作即成也脩亦脯也脩訓治治之乃成鄭註腊人云薄析曰脯捶而施薑桂曰腶脩朐脯中屈朐朐然也朐置左末邊際置右右手取祭擘之便也愚謂脯為籩實惟飲酒有之此燕食乃有脯者用之以代膾也蓋釋而煎之以醢而盛之則以豆與其設之亦於膾之處内則曰大夫燕食有膾無脯有脯無膾

客若降等執食興辭主人興辭於客然後客坐食字釋文無音蓋如字讀之今讀為飯食之食

鄭氏曰辭者辭主人之臨己食若欲食於堂下然愚謂食飯也執食者自席前殽胾閒容人之處向席而跪執之辭告也賓席於奥而主人席于阼降等之客不敢食於尊處故執食而興告于主人言己欲食於他處也公食大夫禮賓左擁簠梁右執湆以

降又大夫相食賓執粱與湇之西序端此雖降等之客然與公食大夫有君臣之分者不同其辭於主人蓋當告主人以將往食於西序端也必執食者以其為饌之主而主人之所親饋者也然禮食無阼席主人立而視客食故雖大夫相食敵體之禮必執食之西序端且又不告於主人而遂往蓋不安於主人之不食而立而臨已也此燕食賓主皆坐設席對食故非降等之客則不必辭執食興辭者惟降等之客耳然興即致辭尚未離乎席前也則與大夫相食之不辭而遂之西序端者亦異矣主人興辭于客者告客使反食於席也於賓及主人皆言興則設饌時主人與客皆已即席坐矣又此言客若降等執食興辭則降等之客其禮之異者惟此耳若下文所言則皆為賓主燕食之通禮非專據降等之客猶凡與客入者一節言客若降等則

就主人之階而自主人與客讓登以下又皆言賓主之通禮非惟降等之禮也註疏因此言客若降等遂於下文主人延客祭主人未辨客不虛口皆以為降等之禮非是

主人延客祭祭食祭所先進殽之序徧祭之釋文徧音遍

鄭氏曰延道也祭祭先也君子有事不忘本也客若降等則先祭主人所先進先祭之所後進後祭之如其次殽之序徧祭之謂胾膾炙也以其同出於牲體也公食大夫禮魚腊湆醬不祭孔氏曰祭者君子不忘本有德必酬之故得食而種種出少許置在豆間之地以報先代造食之人也愚謂禮食無阼席故惟客祭燕食賓主並設席而食則主人必先祭以道客而後客祭也蓋主人以為己之食不足以當客之祭故但自祭而已玉藻孔子食於少施氏孔子祭作而辭曰疏食不足祭也是也主人祭則客

從而祭是主人之祭實所以道客也下言延客食胾亦然食饌具也祭食祭所先進者先進者先祭之後進者後祭之也公食大夫禮先設豆次設俎次設黍稷次設鉶此禮食設饌之次也昏禮特牲禮亦然弟子職云置醬錯食陳膳毋悖凡置彼食鳥獸魚鼈必先菜羹羹胾中别胾在醬前其設要方飯是為卒左酒右漿此朝夕燕食設饌之次也此與客燕食其設饌之次不可考然以設饌内外之法觀之則當先設羹食於内而後設殽胾於外則亦先祭食而後祭殽胾與殽謂牲骨在俎者註以為胾膾炙非也殽之體骨非一初時惟祭其肺其餘體骨至食則振祭故曰殽之序徧祭之謂依所食之次第而祭之也食胾之後乃辯殽未辯殽則猶徧祭也此因言祭食遂并言祭殽之法耳

三飯主人延客食胾然後辯殽釋文飯扶晚反依字書食旁作卞扶萬反食旁作反符晚反二字不同今則混

之故隨俗而音此字辨音遍下同

鄭氏曰：先食胾，後食殽，殽尊也。凡食殽辨於肩，食肩則飽也。孔氏曰：三飯謂三食也。禮食三飧而告飽，須勸乃更食，三飯竟，而主人乃道客食胾也。公食大夫禮云：賓三飯以湇醬。鄭云：每飯歠湇以殽擩醬，食正饌也。案彼文是三飯但食醬及他饌而未食胾，故三飧竟而主人道客使之食胾也。所以至三飧後乃食胾者，公食禮亦以胾為加，故客三飧前未食之。然公食禮三飧竟，起受漿漱口，受束帛之物，升降拜禮畢，方還坐更食取飽，不云三飯延客食胾，與此異也。辨，遍也。食胾竟後，主人道客令食至飽，食殽得遍也。案特牲、少牢禮，初食脊，次食脅，次食骼，後食肩，是辨於肩，故云食肩則飽也。賈氏公彥曰：一口謂之一飯。愚謂三飯，食三口也。殽之體骨非一，三飯先食殽，三飯既竟，主人

殽既食飯四字疑衍

乃食胾以道客客既食胾然後殽既食飯徧食殽之體骨也食胾之前固已食殽矣特未辨耳註謂先食胾後食殽非也疏引公食註賓三飯以殽擩醬食正饌似已以此註先食胾之説為不然然公食註三飯以殽擩醬食正饌之説實亦非是昏禮云皆食以湇醬皆祭舉食舉也先云皆食以湇醬而後云皆祭舉食舉則是食湇醬與食殽賓為二事初非以殽擩醬而食也公食禮賓三飯以湇醬又云賓卒食會飯三飲不以醬湇而不言食殽胾之詳案大宗伯上公食禮九舉侯伯七舉子男五舉則卿大夫食禮當三舉而公食禮不言舉數蓋其禮節之詳必已别見於他經而今不可考矣然特牲禮尸舉肺脊三飯次舉獸幹及魚次羞庶羞四豆次舉骼次舉肩少牢禮尸亦舉肺脊三飯次舉牢幹也辨讀為徧三飯時食殽尚未遍食胾後又徧食

之也。鄭氏次食胾，次舉魚，次舉獸肩，次舉骼，次舉肩。意公食禮亦必如此。此與客燕食之禮，雖其牲體不必皆脩然，先食殽三飯竟，乃食胾。既食胾而後辨殽，其禮亦不異也。盖食以牲體為主，故食皆以是始終焉。庶羞畢，但於其中間一食之耳。

主人未辨，客不虛口。

鄭氏曰：俟主人也。虛口，謂酳也。孔氏曰：主人恒讓客，不自先飽，故待主人辯，乃得為酳也。酳，隱義云：飯畢蕩口也。案公食禮，雖設酒優賓，不得用酳，但以漿漱口而已。此是私客，故用酒以酳，異於公食禮也。愚謂主人道客食胾，則亦道客食殽矣。乃云主人未辨客不虛口者，盖主人雖先食以道客，客既食殽，則主人又緩食以待客之先飽也。食畢飲酒謂之酳，酳，演也，所以演安其所食也。飲漿謂之漱，漱者，漱濯之意。食畢恐口有滓穢，故飲漿以滌盪之也蓋酒之味濃厚而漿清薄故其為義之異如此虛口即漱也祭祀食畢而獻之謂之酳士昏禮合卺而酳樂記云食三老五更於大學天子執爵而酳此皆用酒者也食老更之禮不可考若士昏及特牲少牢則漿皆不設公食禮兼設酒醬而賓但飲漿弟子職云左酒右漿又云先生已食弟子乃徹趍走進漱亦但飲漿而已是則禮之重者食畢用酒以酳而無漿禮之輕者兼設酒漿而食畢但飲漿也士昏非重於公食而用酒以酳者所謂鬼神陰陽也此燕食禮輕用漿虛口註以為酳非也主人不先客辯殽客不先主人虛口賓主相敬之道然也

○卒食客自前跪徹飯齊以授相者主人興辭於客然後客坐釋文卒子恤反後不音者同齏本作齊將兮反相息亮反○此五句舊在毋嚃炙之下張子曰此簡錯當在前客不虛口之下以文義考之良是今從之鄭氏曰讓也自從也齊醬屬也相者主人贊饌者主人興辭不

聽親徹愚謂客自前跪謂當席前向席而跪也飯齋主人所親饋故客親徹之公食大夫禮卒食賓北面坐取粱與醬以降大夫相食卒食徹于西序端此但以授相者亦燕食禮殺也禮食食畢即出此客復坐者尚有後事故也○自凡進食之禮至此記大夫士燕食之禮

○侍食於長者主人親饋則拜而食主人不親饋則不拜而食釋文饋徐其類反

鄭氏曰勸長者食耳雖賤不得執食興辭拜而已示敬也不拜者以其禮於己不隆愚謂不執食興辭者此侍食耳不在賓客之位故也主人即謂長者長者之食其子弟饋之若長者敬己而為之親饋則己當拜而後食若但其子弟併饋之則不必拜也疏以此為侍從長者為客之禮非也

共食不飽共飯不澤手鄭註澤或作擇

鄭氏曰共飯謂共羹飯之大器也不飽謙也澤謂接莎也不澤手為汗下半反手不絜也禮飯以手孔氏曰共食謂同事聚居非禮食則有同器食法共食宜謙不得厭飫為飽也共飯不澤手者亦是共器盛飯澤謂光澤也古禮飯用手澤手則汗生與人共飯不得臨食始接莎手乃食恐為人穢也

毋摶飯毋放飯毋流歠釋文摶徒端反放飯之飯註疏如字朱子孟子集註讀為扶晚反今從之

鄭氏曰毋摶飯為欲致飽不謙放飯去手餘飯於器中人所穢大歠嫌欲疾孔氏曰取飯作摶則易得多是欲争飽非謙也去手餘飯於器中人所穢也當棄餘於篚無篚棄於會會謂簋蓋也朱子曰放飯大飯謂食之放肆而無所節流歠長歠飲之流行而不知止也

毋咤食毋齧骨毋反魚肉毋投與狗骨毋固獲釋文咤陟嫁反齧五結反固獲並如字徐

疏从水既儀礼作摡从之

云鄭横覇反一音獲護

鄭氏曰咤食嫌薄之齧骨爲有聲響不敬反魚肉爲已歷口人所穢投與狗骨爲其賤飲食之物固獲爲其不廉也欲專之曰固爭取曰獲孔氏曰咤食謂以舌口中作聲似嫌主人之食也毋齧骨者一則有聲二則嫌主人食不足以骨致飽三則口脣可憎毋反魚肉謂與人同器已齧殘反還器中爲人穢之

毋揚飯飯黍毋以箸毋嚃羹釋文飯黍扶晚反箸直慮反嚃他荅反一音土計反又音退

鄭氏曰亦嫌欲疾也嚃爲不嚼菜孔氏曰飯熱當待冷若揚去熱氣則爲貪快傷廉也飯黍無用箸當用匕故少牢云廩人概摡匕與敦註云匕所以匕黍稷是也羹不嚼菜含而歠吞之欲速而多又有聲不敬傷廉也愚謂飯毋以箸者黍雖粘飯之猶用手而已不用箸也少牢禮上佐食爾上敦黍於席筵上賈疏云飯

黍毋以箸古者飯食不用匙箸就器中取之故移之席上以便尸食是也飯黍以箸亦由欲食之急故不俟其凉而以箸取之孔疏謂飯黍當用匕非是少牢禮概匕所用取黍稷於甑而實諸敦者非飯時所用也

毋絮羹毋刺齒毋歠醢客絮羹主人辭不能亨客歠醢主人辭以窶釋文刺七亦反亨普彭反窶其禹反

鄭氏曰絮羹為其詳于味也絮猶調也刺齒為其弄口也口容止歠醢亦為詳於味也歠者嫌其味淡主人辭不能亨辭以窶優賓也孔氏曰絮羹謂就器中調足鹽梅是嫌主人味惡也刺齒刺取齒間之留為弄口不敬也醢肉醬也醬宜鹹客若歠之是醬淡也愚謂醢但用以擩物無歠之之法若歠之是其味淡也窶言已貧故不足於味也

濡肉齒決乾肉不齒決毋嘬炙釋文濡一音濡字亦作濡嘬初怪反炙章夜反○今按乾音干

鄭氏曰決斷也乾肉濡宜用手嘬炙為其貪食甚也嘬謂一舉盡臠特牲少牢嚌之加于俎孔氏曰火灼曰炙若食炙肉先當以齒嚌而反置俎上嘬者不細齒齧之一舉而并食之也愚謂濡肉胾炙之屬乾肉脯脩之屬○自共食不飽至此雜記飲食之法 堅

○侍飲於長者酒進則起拜受於尊所長者辭少者反席而飲長者舉未釂少者不敢飲釋文少式召反下皆同釂子妙反

少者不敢飲不敢先尊者盡爵曰釂

鄭氏曰降席拜受敬也愚謂此侍長者私飲之禮也必拜受於尊所者此蓋長者親酌而賜之故必於尊所拜受少者不敢飲不敢先尊者盡爵曰釂不敢煩長者至已席前而授之也私飲或在室中其設尊蓋於北墉下與玉藻君若賜之爵則越席再拜稽首受登席祭之飲卒爵而俟君卒爵然後授虛爵此長者

舉未釂少若不敢飲與彼異者君臣尊卑濶絶侍君飲者無為賓客之嫌故先君卒爵若為君嘗酒然侍長者而先飲則嫌以賓客自居故長者舉未釂少者不敢飲禮各有當也鄭氏曰燕飲之禮鄉尊孔氏曰陳尊之所貴賤不同若諸侯燕禮大射設尊在東楹之西尊面有鼻臭嚮君示君專有此惠也若鄉飲酒及卿大夫燕則設尊於房戶之閒東西列尊尊面嚮南酌者嚮北時主人在阼西嚮賓在戶西牖前南嚮使賓主得夾尊示不敢專惠也今云拜受於尊所當是燕禮而燕禮不云拜受於尊所鄉飲酒亦無此語疑是文不具耳尊嚮長者故往尊所嚮長者而拜愚謂侍飲於長者謂長者私飲而少者侍之耳固非臣侍君燕之禮亦非大夫士燕飲之正其設尊之所於禮亦無文可言而註乃云燕飲之禮鄉尊其說殊不可曉疏以鄉尊之言

與玉藻言唯君面尊者合遂以此為燕禮又以燕禮無拜受於尊所之文而謂其文不具不以經正註之失而反以註疑經之闕亦可怪矣且記明言長者少者安可為君臣燕飲之禮耶又䟽謂燕禮酌者在尊東西面及尊㒵嚮君亦皆非是説見少儀

○長者賜少者賤者不敢辭

鄭氏曰不敢亢禮也賤者僮僕之屬呂氏大臨曰辭讓之節行於賓主之際而已體不敵則毋敢視賓客

○君賜果其有核者懷其核釋文核戶革反

鄭氏曰嫌棄尊者物也木實曰果

○御食於君君賜餘器之溉者不寫其餘皆寫釋文溉苦愛反

鄭氏曰重汙辱君之器也溉謂陶梓之器不溉謂萑竹之器也寫者傳已器中乃食之也勸侑曰御孔氏曰御食非侍者但是

勸侑君食也寫謂倒傳之也器可滌溉者不畏汚則不須倒寫其餘皆可倒寫之愚謂御食與侍食不同侍食者侍君而食御食者但勸侑君食而已故君食畢或以餘賜之若侍食則食畢執飯齊以授從者不待君賜以其食本己所當得故也

○餕餘不祭父不祭子夫不祭妻釋文餕子閏反

朱子曰餕餘之物不可以祭先祖如孔子君賜腥則非餕餘熟之以祭先祖可也賜食則或為餕餘故但正席先嘗而已不可以祭先祖雖父不以祭子夫不以祭妻不敢以鬼神之餘復以祭也○戴氏溪曰父不祭子夫不祭妻各使其子主之明有尊也此與餕餘不祭義不相屬顧氏炎武曰父不祭子夫不祭妻不但名分有所不當而以尊臨卑則死者之神亦必不安故其當祭則有代之者此謂平日四時之祭若在喪則祥禫之祭未嘗不行

尊餕卑當作卑餕尊

○此節諸家之説不同注疏解祭字為祭食之祭謂食尊者之餘則祭之若父得子餘夫得妻餘不須祭以其卑故也愚謂食之有祭所以報先代始為飲食之人若用食餘以祭則非所以為敬故玉藻特牲三俎祭肺夕深衣祭牢肉若日中而餕則不祭也雖尊者之餘亦不可因（用）以祭矣且禮惟有尊餕卑者之餘若父餕子餘夫餕妻餘尤禮之所未嘗有也陳可大謂食人之餘及子進饌於父妻進饌于夫皆不必祭愚謂食人之餘不必祭固已若子進饌於父妻進饌于夫則恐未有不祭者觀特牲少牢禮尸於饌具皆祭之可見也朱子與戴氏頋氏之説皆可通但上言御食於君下言御同於長者故因而反於餕餘不祭之事忽於其間言吉祭未免不倫又似朱子之説為長也

○御同於長者雖貳不辭偶坐不辭釋文偶户口反生才卧反又如字

鄭氏曰：謂侍食於長者，饌宜與之同也。貳謂重殽饌也。辭之為長者嫌偶坐，不辭盛饌不為己。孔氏曰：御，侍也。御同，謂侍食而與長者同饌也。貳，重也。雖重殽膳而不辭者，此饌本為長者設耳，若辭之則嫌當長者偶媲也。或為彼客設饌而召己媲偶，共食此饌，本不為己設，故不辭。一云：偶，二也，謂與他人並坐，主人設饌，已不假辭，以主人意不必在己也。愚謂此御同於長者，謂侍長者而與長者同饌，與上御食於君不同。貳，益也，謂食盡而又益之也。弟子職曰：三飯二斗，左執虛豆，右執梜匕，周旋而貳，唯嗛之視。侍長者同食，主人益長者之饌，并益己饌，則不必辭。若己辭之，則嫌長者不廉也。若與敵體之人偶坐同食，雖非長者，於貳饌亦不辭，以主人之意不專為己也。

○羹之有菜者用梜，其無菜者不用梜。釋文：梜，古協反，沈又音甲。字林作筴，云箸也。

鄭氏曰：梜猶箸也，今人或謂箸為梜提。孔氏曰：鉶羹有菜交橫，非梜不可；無菜者，大羹也，直歠之而已；其有肉調者，犬羹、兔羹之屬，或當用匕也。

○為天子削瓜者副之，巾以絺；為國君者華之，巾以綌；為大夫累之，士疐之，庶人齕之。釋文：為，于僞反。削，息畧反。瓜，古華反。副，普逼反。絺，勑宜反。華，胡瓜反。綌，去逆反。累，力果反，一音如字。疐，音帝。齕，恨没反，徐胡切反。

鄭氏曰：副，析也。既削，又四析之，乃橫斷之，而巾覆焉。華，中裂之，不四析也。累，倮也，謂不巾覆也。疐之，不中裂，橫斷去疐而已。齕之，不橫斷。孔氏曰：削，刊也。絺，細葛也。為天子削瓜，先刊其皮，而析為四也，又橫切之，而細葛為巾覆上而進之也。華，中破也。綌，麤葛也。諸侯禮降，故破而不四析，亦橫斷之，巾用麤葛覆而進之。爾雅云「瓜曰華之」，郭璞云「食啖治擇之名」。大夫降於諸侯，直削而中裂橫斷而已不巾覆也疐謂脱華處士不中破但去疐而橫斷亦不覆也庶人府史之屬齕齧也去疐而齕之此削瓜等級不同非謂平常之日當謂公庭大會之時也愚謂疐瓜之連蔓處也

○父母有疾冠者不櫛行不翔言不惰琴瑟不御食肉不至變味飲酒不至變貌笑不至矧怒不至詈疾止復故釋文冠如字徐古乱反惰徒禾反一音徒卧反矧本又作哂失忍反又詩忍反詈力智反

鄭氏曰不櫛不翔憂不為容也言不惰憂不在私好惰不正之言琴瑟不御憂不在樂不至變味變貌憂不在味笑不至矧怒不至詈憂在心難變也齒本曰矧大笑則見復故自若常也孔氏曰猶許食肉但不許變味耳食少則味不變多食則口味变也愚謂言之惰慢不正無時而可然朋儕相處時或戲謔亦人

情所不免所謂一張一弛之道也惟父母有疾則憂存於心而出言益須謹重故有同此一言在平日言之則為談笑之常在有憂出之則有惰慢之失猶祭義言齊則訖其邪物初非不齊之時可有邪物之干也

有憂者側席而坐有喪者專席而坐

鄭氏曰側猶特也側席而坐憂不在接人不布他面席專席而坐降居處也專猶单也孔氏曰案聘禮公側受醴是側猶特也專猶单也吉時貴賤有重席之禮若父母始喪寢苫無席卒哭後芐翦不納自齊衰以下始喪而有席並不重也胡氏銓曰側不正也漢王嘉傳喜魏徐奕傳皆云趧有子玉則文公側席而坐王氏曰專席與郊特牲君專席而酢之專同

○水潦降不獻魚鱉釋文潦音老

鄭氏曰不饒多也孔氏曰水潦降魚鱉難得故鄭云不饒多或云水潦降下魚鱉豐足不饒益其多愚謂水潦降謂夏時也襄十年左傳士匄荀偃請於荀罃曰水潦將降杜預云向夏恐有久雨定四年夏三月荀寅曰水潦方降哀十五年夏吳太宰嚭曰以水潦之不時月令季春水潦將降古者三時取魚惟夏不取蓋以水蟲方孕又水大則魚鱉難得故也居山不以魚鱉為禮非其地也水潦降不獻魚鱉非其時也

獻鳥者佛其首畜鳥者則弗佛也釋文佛本又作拂扶弗反畜許六反徐況又反

鄭氏曰為其喙害人也佛戾也蓋為小竹籠以冒之畜養也養則馴愚謂獻鳥若行賓客禽獸之類少儀曰其禽加於一雙則執一雙以將命鳥喙能傷人故執以將命必佛其首於翼下鄭謂用小竹籠冒之未知何據豈因當時有此法而言之與畜鳥

弗佛者無所事乎佛也

獻車馬者執策綏獻甲者執冑獻杖者執末獻民虜者操右袂獻粟者操右契獻米者操量鼓獻孰食者操醬齊獻田宅者操書致釋文綏音雖冑直又反操七刀反契苦計反量音亮又音良齊本又作齏同子兮反

鄭氏曰凡操執者謂手所舉以告者也設其大者舉其小者便也甲鎧也冑兜鍪也民虜軍所獲也操其右袂制之契券要也右為尊量鼓量器名孔氏曰策是馬杖綏是上車之繩車馬不上於堂但執策綏呈之則知有車馬甲鎧也謂鎧為甲者言如龜鼈之有甲也冑兜鍪也鎧大兜鍪小小者易舉執以呈之杖末拄地不淨故執以自鄉以淨頭授人民虜征伐所獲獻之以左手操因之右袂用右手以防其異心粟粱稻之屬契謂兩書一札同而别之右為尊以先書為尊也米亦六米之等量是斗

斛之数鼓是量器名也隐義曰東海樂浪人呼容十二斛者為鼓以量米故云量鼓獻粟者執器以呈之米云量則粟亦量粟云書則米亦書但米即可食為急故言量粟可久儲為緩故云書醬齊為食之主執主來則食可知若見芥醬必獻魚膾之屬也書致謂圖書於板丈尺委曲書之而致之於尊者也以上諸物可動故不云致田宅著土故板圖書畫以致之故言書又言致也然古者田宅悉為官所賦本不屬民今此得獻田宅者或有重勲為君上所賜可為己有故得有獻愚謂凡以物相授受而有上下者皆以其上授人惟有刃者不然故獻杖執末而以上端授人非徒以杖末不淨也粟可久藏主人或未即用故書一券而中別之留其左者獻其右者受獻者欲取粟則執券而合之粟蔵于倉故獻其契米操量鼓則并米獻之不必用契矣苟

米授疏改

或本荀子作一本

子富國篇瓜桃李棗以本數以盆鼓註云鼓量也今按荀子之意言瓜桃李棗實之在樹者以本數其多少實之已取者以盆鼓其多少是鼓即量而非量之名也疏謂樂浪呼容十二斛者為鼓夫器容十二斛則不可執以將命非也獻田如鄭歸祊田於魯子産爲豐施歸州田於韓宣子獻宅如郈成子分宅以處右宰穀臣之妻子古時此類固多有之不必以田宅不得獻為疑

按疏行

凡遺人弓者張弓尚筋弛弓尚角右手執簫左手承弣尊卑垂帨若主人拜則客還辟辟拜主人自受由客之左接下承弣鄉與客並然後受釋文遺于季反弛本又作施同式是反弣音撫徐音甫帨始鋭反辟辟上辟扶亦反下辟音避

鄭氏曰尚筋尚角弓有往來體皆欲令其下曲隤然順也遺人無時已定體則張之未定體則弛之簫弭頭也謂之簫簫邪也弣把中帨佩巾也磬折則佩垂授受之儀尊卑一主人拜拜受

也辟拜讓不敢當由從也從客之左右客尊之接下接客手下也承弣卻手則簫覆手與鄉與客並於堂上則俱南面禮敵者並授孔氏曰此為敵體故稱遺也弓之為體以木為身以角為面筋在外面張時曲來鄉内故遺人則使筋在上弓身曲向其下弛時反張向外筋在曲内角在曲外令遺人角嚮其上弓形亦曲向下也弓人云秋合三材冬定體則合三材之時可以獻人故此註云未定體則弛之也弓頭稍剡差邪似簫故謂之簫又謂為鞘執簫謂客覆右手執弓下頭也弣謂弓把也地道貴右主人推客居右客覆右手執弓下頭又卻下左手以承弓把以授主人知是執弓下頭者下頭拄地不淨故自執之以上頭授人示敬也還辟猶逡巡也主人拜客既竟從客左而受之卻左手接客左手之下而承弣又覆右手捉弓下頭必知客主俱

卻左手承弣右手覆簫者若主人用右手承弣便是倒執弓也朱子曰賔主雖或一尊一卑然皆當磬折垂帨也愚謂簫在弓之兩頭此所執者其下頭也弓當矢上有簫道士喪記所謂撻弓簫雖無上下之異而以近撻者為上帨佩巾也磬折則帨佩垂尊卑如兩大夫相聞遺所遣者為士主人為大夫是賔主尊卑不同而其儀皆以磬折垂帨為度也下篇云主佩倚則臣佩垂主佩垂則臣佩委此謂君行相授受之法此雖尊卑不同而非君臣故賔主皆垂帨也主人拜拜受也還辟辟拜逡遁以避主人之拜也由客之左者主人之位恒在東客南面而授之則主人在其左也接下承弣者卻左手以接客之手下而承弓弣也亦覆右手執簫不言者文省也鄉與客並者與客同面而並授也賔主授受之禮以訝受為正此乃並授者以授弓禮輕也

鐏也鐓也阮校勘記語惠棟校宋本作地段注說文曰鐏地下入地鐓地著地而已与鐏底平底義正合似兩也字當改從宋本為長

客不拜送者客乃使人弓非己物故也凡為使者於主人之拜受皆不荅於聘禮可以見之孔氏謂使者執弓不能拜非也

進劒者左首

鄭氏曰左首尊也孔氏曰首劒拊環也春秋魯定公十年叔孫之圉人欲殺公若偽不觧禮而授劒末杜云以劒鋒末授之鋒是末則環是首也劒有匣又有衣少儀曰劒則啟櫝蓋襲之加夫襓是也左首者主人在左劒首為尊以尊處授主人也對授亦左首首尊左亦尊為宜也愚謂執劒左首為辟其刺刃故也

進戈者前其鐏後其刃進矛戟者前其鐓釋文鐏在困反舊作子困反矛本又作鉾音謀鐓本又錞徒對反

鄭氏曰後刃敬也三兵鐏鐓雖在下猶為首銳底曰鐏取其鐏也平底曰鐓取其鐓也孔氏曰戈鉤孑戟也如戟而横安刃但頭不向上為鉤也直刃長八寸横刃長六寸刃下接柄處長四

向下者字疑衍

寸並廣二寸用以鉤害人也刃當頭而利故不持向人鐏在尾而鈍向人為敬矛如鋋而三廉戟今之戟也古作戟兩邊皆安橫刃長六寸中刃長七寸半橫刃下接柄處又長四寸半並廣寸半鐓為矛戟柄尾平底如鐓柄下也以平向人敬也亦應並授不云左右而云前後者互文也若相對則前後也若並授則左右也愚謂戈之橫刃曰胡直刃曰援戟三鋒其橫刃六寸下向者中矩者曰胡其中刃長七寸五分直前者曰刺其橫刃長七寸五分枝出而磬折者曰援戈之底銳謂之鐏矛戟之底平謂之鐓鐏鐓蓋皆以金飾之詩云厹矛鋈鐓是也三兵皆以其下授人者避其刃也凡有刺刃者以授人則辟刃

進几杖者拂之

鄭氏曰尊者所憑依拂去塵敬也愚謂士昏禮醴賓主人拂几

授校聘禮醴賓公𠦜側受几于序端宰夫內拂几三奉兩端以進公東南鄉外拂几三少牢禮賓尸主人西面左手執几縮之以右袂推拂几三二手橫執几進援尸于筵前此進几者必拂之也

效馬效羊者右牽之效犬者左牽之

鄭氏曰用右手便效猶呈見也犬齛齧人右手當禁備之孔氏曰此亦是遺人而言效亦互文也馬羊多力人右手亦有力故用右手牽制之犬好齛齧人故左牽之而右手防禦也少儀獻犬則右牽之彼是田犬畜犬不齧人不須防此是充食之犬故防之

執禽者左首

鄭氏曰左首尊呂氏大臨曰執禽者左首謂贄也禽摯若卿執羔大夫執鴈士執雉庶人執雞工商執鶩是也士相見禮云摯冬用雉夏用腒左頭奉之

飾羔鴈者以繢釋文繢胡對反

鄭氏曰繢畫也諸侯大夫以布天子大夫以畫孔氏曰飾覆也畫布為雲氣以覆羔鴈為飾士相見禮云下大夫以鴈上大夫以羔飾之以布並不言繢此言繢者彼是諸侯公卿大夫卑但用布此天子卿大夫尊故畫之也陸氏佃曰案士相見禮下大夫以鴈飾之以布言飾則繢可知愚謂天子諸侯之大夫無異贄則亦未必有異飾疑陸氏之說得之

受珠玉者以掬釋文掬九六反兩手曰掬

鄭氏曰慎也掬手中孔氏曰置在手中不得袂承之恐墜落也

受弓劍者以袂

鄭氏曰敬也孔氏曰不露手取之用衣袂承接之以為敬也愚謂此言受弓劍于尊者之法也大射禮云大射正執弓以袂順左

右隈上再下壹左執弣右執簫以授公此授弓用袂則受弓可知

飲玉爵者弗揮釋文揮音輝

鄭氏曰為其寶而脆孔氏曰揮振去餘也愚謂揮爵而去其餘瀝易於失墜也

凡以弓劍苞苴簞笥問人者操以受命如使之容釋文苴子餘反簞音単笥思嗣反字林先自反沈息里反使色吏反下並同

鄭氏曰問猶遺也苞苴裹魚肉或以葦或以茅簞笥盛飯食者圓曰簞方曰笥孔氏曰苞者以草苞裹魚肉之屬也故尚書云厥包橘柚苴者以草藉器而貯物也詩云野有死麕白茅包之內則云炮取豚編萑以苴之既夕禮云葦苞長三尺是裹魚肉用茅及葦也簞圓笥方俱是竹器亦以葦為之問人因問而有物遺之也或自有事問人或因彼有事而問之悉有物將其意自

弓劍以下皆是也使者操持諸物進受尊者之命先習其威儀進退如至其所使國時之儀容呂氏大臨曰苞苴魚肉果食也書曰厥包橘柚易曰包有魚詩曰野有死麕白茅包之是也簞論語一簞食是也笥以盛衣服書曰惟衣裳在笥是也○自水潦降不獻魚鱉至此論以物相獻遺及授受之法

○凡為君使者已受命君言不宿于家釋文為于偽反

鄭氏曰急君使也言謂有故所問也聘禮曰若有言則以束帛如饗禮孔氏曰奉君言宜急去不敢畱宿于家也故聘禮曰既受命遂行舍于郊是也愚謂君言即君命也註説非是此通言為君出使之禮不當專據有言者

君言至則主人出拜君言之辱使者歸則必拜送于門外

鄭氏曰敬君命也此謂君問事於其臣也孔氏曰出出門拜迎

君命也辱者言屈辱尊者之命來也愚謂出拜君言之辱拜送于門外皆于大門之外也

若使人於君所則必朝服而命之使者反則必下堂而受命釋文朝直遥反

鄭氏曰此臣有所告請于其君孔氏曰朝服命使敬也命使者朝服則君言至亦朝服受之互文也不出門者已使卑於君使也愚謂命使者亦下堂受命亦朝服文互相備也士喪禮乃赴于君主人西階東南面命赴者拜送少儀曰凡膳告于君子主人展之以授使者於阼階之南南面再拜稽首是命使亦下堂明矣受命時堂北面使者於階上致君命而臣於階阼下中庭北面受之也

○博聞強識而讓敦善行而不怠謂之君子釋文識如字又式異反怠音代行下孟反皇如字

識記也博聞強識以窮理而居之以讓則不自滿假而所知日

益精敦善行以修身而不至于息則日新不已而其德日益進斯可為成德之君子矣

○君子不盡人之歡不竭人之忠以全交也

鄭氏曰歡謂飲食忠謂衣服之物呂氏大臨曰君子躬自厚而薄責于人責人厚而莫之應此交之所以難全也歡謂好于我忠謂盡心于我好于我者望之不深則不至于倦而難繼也酬酒不舉三酌油油而退是也盡心于我者不要其必力致則不至於不能勉而絶也每有良朋烝也無戎是也愚謂歡以情之見于外者言忠以意之主於中者言盡人之歡竭人之忠則應之者難而交道苦矣故君子戒之

○禮曰君子抱孫不抱子此言孫可以為王父尸子不可以為父尸

鄭氏曰以孫與祖昭穆同孔氏曰凡稱禮曰者皆舊禮語也祭

祀之禮必須尸尸必以孫今子孫行並幼弱得抱孫為尸不得
抱子為尸記者既引舊記又自解之云此言孫可以為王父尸
子不可以為父尸故也曾子問曰孫幼則使人抱之無孫則取
於同姓可也是有抱孫之法也○孔氏曰天子至士皆有尸宗廟
之祭皆用同姓之嫡天子諸侯之祭用卿大夫為之故既醉注
云天子以卿鄭箋云諸侯入為天子卿大夫故云公尸天子既
然明諸侯亦爾大夫士亦用同姓嫡者鄭註特牲禮大夫士之以
孫之倫為尸言倫明非己孫皇侃用崔靈恩義以大夫用己孫
為尸恐非也若新喪虞祭之時男女各立尸故士虞禮云男男
尸女女尸至祔祭之後止用男之一尸以祔祭漸吉故也凡吉
祭止用一尸故祭統云設同几是也天子祭天地社稷山川四
方百物及七祀之屬諸侯祭社稷境内山川及大夫祭五祀皆

有尸外神之屬不問同姓異姓但卜吉則可爲尸若祭勝國之社稷則士師爲尸異義公羊説祭天無尸左傳説晋祀夏郊以董伯爲尸虞夏傳云舜入唐郊以丹朱爲尸是祭天有尸也許慎引魯郊祀曰祝延帝尸從左傳之説也程子曰古人祭祀用尸極有深意盖人之魂魄既散孝子求神而祭無主則不依無尸則不饗魂氣必求其類而依之人既與人相類骨肉又爲一家之類已與尸各已潔齊至誠相通以此求神宜其饗之後世不知此直以尊卑之勢遂不肯行耳朱子曰古人祭祀無不用尸非惟祭祖禰祭外神亦用尸不知祭天地何如想惟此不敢爲尸杜佑謂古人用尸盖上古樸陋之禮看來古人自有深意非樸陋也愚謂此言孫可以爲王父尸曾子問曰尸必以孫是則尸用己孫明矣如祭文則取兄弟之適子爲孫故祭統云所

取為孫者於祭者子行也士大夫所祭近故無孫而取於同姓者若天子諸侯祭其宗廟則所取為尸者皆其所祭之祖之所出又不必取於同姓矣鄭氏謂大夫士以孫之倫為尸蓋兼容無孫者言之孔氏乃據此而謂尸不用己孫非徒棄經信傳亦亦不善會鄭義矣吉祭祭祖考而以妣配止用男之一尸若祔祭則雜記云男子祔於王父則配婦人祔於王母則不配祔後練祥又特祭新死者於寢皆當男女别尸至三年喪畢新主入廟吉祭然後止用男尸孔疏謂祔祭漸吉止用男尸亦非是周禮墓祭則冢人為尸祭勝國之社稷則士師為尸是祭外神皆有尸也朱子謂祭天不敢用尸蓋以其至尊而不敢以人象之也節服氏郊祀則裘冕二人執戈送逆尸從車執戈送逆尸者惟二人則是惟配帝一尸而天無尸矣晋謂宗祀夏郊董伯為尸韋

昭云神不歆非類董伯其姒姓乎虞夏傳云舜入唐郊丹朱為尸董伯與丹朱亦皆配帝之尸耳許慎所引魯郊祀蓋未足據也

為君尸者大夫士見之則下之君知所以為尸者則自下之尸必式乘必以几釋文乘繩證反

鄭氏曰下之尊尸也下下車也國君或時幼小不能盡識羣臣有以告者乃下之尸必式禮之乘必以几尊者慎也孔氏曰此謂臣為君尸已被卜吉君許用者也古者致齋各於其家散齋亦猶出在路及至祭日之旦俱來入廟故羣臣得於路見君之尸皆下車而敬之散齋之時君若在路見尸亦自下車敬之所以知是散齋者君致齋不復出行若祭日君先入廟後乃尸至也言知則初有不知謂君或年幼少不能並識羣臣故於路或不識而臣告君君乃下也所以知是散齋者君散齋不復出行

原稿六頁六節去是

若祭日君先入廟後乃尸至也尸必式者廟門之外尸尊未伸不敢亢禮不可下車故式為敬以答君式謂俯下頭也古者車箱長四尺四寸而三分前一後二下去車牀三尺三寸謂之為式又於式上二尺二寸横一寸謂之為較較去車牀五尺五寸若平常則馮較若應為敬則落手下隠式而頭得俯俛後云式視馬尾是也愚謂特牲禮前期三日筮尸少牢禮前宿一日宿戒尸明日朝筮尸鄭註云不前期三日筮尸大夫下人君賈疏云天子諸侯前祭三日卜尸得吉又戒宿諸官使之致齊士卑不嫌得與人君同三日筮尸但不得散齊七日耳大夫尊不敢與人君同直散齊九日前祭一日筮宿尸并宿諸官致齊也是人君散齊之時尸猶未卜卜尸得吉遂致齊尸與人君大夫士皆不出矣此云大夫士及君下尸者盖卜尸雖在祭前三日而前

期十日卜日之時即擬一人為尸至祭前三日又卜之故散齋
時人君及大夫士得見此將卜為尸者而下車也節服氏郊祀
則二人執戈送逆尸從車人君之尸亦當有執戈者若祭日入
廟君見尸必無不知云君知所以為尸者則是尸猶未卜其威
儀尚與羣臣無別故君或不知而待人告之也車之在兩旁者
曰較其當人之前者曰式較高五尺五寸可一手憑之以為安
式高三尺三寸用兩手憑之以為敬疏言較與式高下之度及平
常憑較敬則憑式皆是也而言較在式上則非是尸必式者
君及大夫士為尸下尸則俯而憑式以荅其敬也尸不下者所
以全尸之尊也疏謂不敢亢禮亦非也尸於大夫士亦式則非
以不敢亢禮明矣乘必以几者謂乘車之時必履几以升也士
昏禮云婦乘以几蓋履几升車者尊者及婦人之禮也若天子

則用石隸僕王行洗乘石是也疏謂几在式上以手據之亦非也

○齊者不樂不弔釋文齊側皆反樂音洛又如字○今按樂當如字

鄭氏曰為哀樂則失正散其思也愚謂不樂謂不聽樂也致一之謂齊不樂不弔為心志之感於哀樂而散也

●居喪之禮毀瘠不形視聽不衰升降不由阼階出入不當門隧釋文瘠音在昔反阼才故反隧音遂

鄭氏曰形骨見也孔氏曰毀瘠羸瘦也形骨露也骨為人身之主故謂骨為形也居喪乃得羸瘠不許骨露見也阼階主人之階也孝子事親如事生故在喪思慕猶若父在不忍從阼階上下也若祔祭以後則得升阼階案士虞禮云卒哭稱哀子祔祭稱孝子祔祭如饋食之禮既同於吉則孝子得升阼階也雜記弔者入主人升自阼階此未葬得升阼階者敬異國之賓也愚

謂不形不衰為其廢喪事而將至於滅性也門隧門外當門之中道士喪禮甸人抗重出自道是也卒哭以吉祭易喪祭主人蓋當即位於阼階與既由阼階升降則亦可由門隧出入矣

居喪之禮頭有創則沐身有瘍則浴有疾則飲酒食肉疾止復初不勝喪乃比于不慈不孝釋文創初良反又初亮反瘍音恙本又作痒勝音升

鄭氏曰勝任也孔氏曰不留身繼世是不慈也違親生時之意是不孝也然本心實非為不孝故言比也愚謂言此者所以見沐浴及飲酒食肉乃慮其不勝喪而為之也

五十不致毀六十不毀七十唯衰麻在身飲酒食肉處於內釋文衰七雷反

鄭氏曰所以養衰老人五十始衰孔氏曰致極也五十始衰居喪許毀而不得極羸瘠也六十轉衰都不得毀也愚謂六十雖不毀其居處飲食猶用居喪之禮至七十但有喪服而飲酒食

內處於內則不疏食不居廬爲其精力益衰故也

○生與来日死與往日鄭註與或爲予

鄭氏曰與猶数也生数来日謂成服杖以死明日数也死数往日謂殯歛以死日数也此士禮貶於大夫者大夫以上皆以来日数士喪禮曰死日而襲厥明而小歛又厥明大歛而殯則死三日而更言三日成服杖似異日矣喪大記曰士之喪二日而殯三日之朝主人杖二者相推其然明矣孔氏曰大夫尊成服及殯皆不数死日則天子諸侯亦悉不数死日也愚謂王制曰天子七日而殯七月而葬諸侯五日而殯五月而葬大夫士三日而殯三月而葬以春秋考之天子諸侯之葬其七月五月皆并数死月由葬以推殯由天子諸侯以推大夫士其数殯葬日月之法可見矣則生與来日死與往日者固上下之達禮也

然喪大記云君之喪五日既殯授大夫世婦杖大夫之喪三日之朝既殯而杖士之喪二日而殯三日之朝杖士之二日而殯并数死日為三日則君之五日而殯并数死日為六日大夫之三日而殯并数死日為四日矣其所以異者何也蓋殯日之連数死日者固制禮之本法然也〔并〕襲與小斂大斂大夫士皆異日諸侯必間一日天子必間二日而死有早晚之不同如死在昏暮頃刻之間不能遽畢襲事則必至次日乃襲而小斂大斂皆當下移一日士與君大夫皆當如此但君大夫位尊而事舒故喪大記言五日而殯三日而殯士位卑故喪大記言二日而殯蓋生與来日死與往日雖有一定之禮而其中自有変通之宜雖禮無明文而以人情物理推之必當出於此也

○知生者弔知死者傷知生而不知死弔而不傷知死而不知生傷而

一本費以下八句移在貝也下

愚按此本作以下數語乃證明公羊語財曰賻之義似仍从此本為是

不弔 釋文傷如字舊式亮反

鄭氏曰人恩各施於所知也弔傷皆致命辭也雜記曰諸侯使人弔辭曰寡君聞君之喪寡君使某如何不淑此施於生者傷辭未聞也説者有弔辭云皇天降災子遭罹之如何不淑此施於死者蓋本傷辭辭畢退皆哭

○弔喪弗能賻不問其所費問疾弗能遺不問其所欲見人弗能館不問其所舍 釋文賻音附公羊傳曰錢財曰賻穀梁傳曰歸生者曰賻不問音附費費芳味反一本作有所費下句放此遺於季反

鄭氏曰皆為傷恩也見人見行人館舍也公羊傳曰錢財曰賻穀梁傳曰歸生者曰賻不問其所費費昔〔芳〕味反一本作有所費下句放此遺于季反王氏安石曰辭口惠而實不至也愚謂問其所費問其所用多寡之數及足否也公羊傳曰錢財曰賻穀梁傳曰歸生者曰賻二説皆是也含襚賵贈皆施於死者惟賻則所

以助生者之費少儀臣為君喪致貨貝於君案含以玉襚以衣䝼以束帛反馬賵以束帛則貨貝是賻物可知是賻用銖貝也

賜人者不曰來取與人者不問其所欲

鄭氏曰與人不問其所欲已物或時非其所欲將不與也王氏安石曰為人養廉也呂氏大臨曰賜人者使之来取人之所難取也與人者問所欲人之所難言也賜之而難取與之而難言非所以惠人之道也陳氏澔曰賜者君子與者小人愚謂君子多自好故賜之不曰来取所以養其廉小人多苟得故與之不問其所欲所以節其貪

卷四

正月七八日鏘鳴校過

禮記卷四

曲禮第一之四　　瑞安孫希旦集解

適墓不登壟釋文壟刀勇反

鄭氏曰：為其不敬。壟，冢也。墓，塋域。

助葬必執紼釋文紼音弗

鄭氏曰：葬，喪之大事。紼，引車索。孔氏曰：繩屬棺曰紼，屬車曰引。助葬本非為客，正是助事耳，故宜必執紼也。愚謂送葬在途時或有不執引而散行在後者。若柩車至墓，脱載除飾，以紼屬于柩而下之，助人之葬，必宜執此紼也。

臨喪不笑

鄭氏曰：臨喪宜有哀色。

揖人必違其位

鄭氏曰禮以變為敬

望柩不歌入臨不翔釋文柩求又反臨如字舊力鴆反

鄭氏曰哀傷之無容樂也孔氏曰臨人之喪不得趨翔為容也

愚謂不歌是不為樂不翔是不為容

當食不歎

鄭氏曰食或以樂非歎所陳氏澔曰惟食忘憂非歎所也

鄰有喪舂不相里有殯不巷歌釋文舂束容反相息亮反

鄭氏曰助哀也相送杵聲方氏慤曰未祥之前謂之有喪未葬之前謂之有殯於鄰言有喪舂不相則有殯可知于里言有殯不巷歌則有喪可知舂猶不相則不巷歌可知不巷歌則容或相舂矣五家為鄰五鄰為里鄰近而里遠鄰寡而里衆故哀不能無輕重淺深之分焉愚謂方氏之說皆是惟云里言有殯不巷

於據衛集說補

歌則有喪可知尚未當盖里有殯不巷歌則既葬之後歌或非所禁矣鄰里之哀非但輕重淺深之不同而其久暫固有別矣

適墓不歌

鄭氏曰非樂所

哭日不歌

鄭氏曰哀未忘也孔氏曰論語曰子於是日哭則不歌則弔日之朝亦得歌樂但弔以還其晚日不歌耳愚謂哀樂之情不並行孔謂弔日之朝得歌樂未爲通論如有服之親將往哭之未哭之前豈容歌樂乎但聞喪無定時如日中方聞喪則朝時歌樂難以預禁故論語云子於是日哭則不歌檀弓云弔於人是日不樂皆但據弔後言之也

日晚誤倒按改正

送喪不由徑送葬不辟塗潦 釋文經經定反辟音避本亦作避

鄭氏曰所哀在此也愚謂喪謂死於外而以尸若柩歸者春秋公之喪来至自乾侯是也於送喪言不由徑於送葬言不辟塗潦亦互文也

臨喪則必有哀色執紼不笑臨樂不歎介冑則有不可犯之色故君子戒慎不失色于（於）人

鄭氏曰貌與事宜相配呂氏大臨曰色必稱其服情必稱其色所謂不失色也○自適墓不望（登）壟至此記吉凶威儀容止之事

○國君撫式大夫下之大夫撫式士下之釋文下遐駕反下同

鄭氏曰撫猶據也據式小俛崇敬也乗車必正立孔氏曰謂君臣俱行君式則臣宜下車言大夫則士可知若士為大夫之臣亦如大夫之于君也愚謂大夫士尊卑等級不同故大夫撫式則士下之不必為大夫之臣也

○禮不下庶人釋文下遐駕反又如字

鄭氏曰為其遽於事且不能備孔氏曰張逸云庶人非是都不行禮但以其遽務不能備之故不著於經文三百威儀三千耳其有事則假士禮行之愚謂庶人非無禮也以昏則緇幣五兩以喪則四寸之棺五寸之槨以葬則懸棺而窆不為兩止以祭則無廟而薦于寢此亦庶人之禮已而曰禮不下庶人者不為庶人制禮也制禮自士以上士冠士昏士相見是也庶人有事假士禮以行之而有所降殺焉盖以其質野則於節文或有所不能習卑賤則於儀物或有不能備也

刑不上大夫釋文上時掌反

鄭氏曰不與賢者犯法其犯法則在八議輕重不在刑書孔氏曰五刑三千之科條不制大夫犯罪之目所以然者大夫必用

有德若逆設其刑則是君不知賢也張逆之云謂所犯之罪不在夏三千周二千五百之科不使賢者犯法也非謂都不刑其身也其有罪則以八議議其輕重耳陳氏澔曰不制大夫之刑猶不制庶人之禮也○漢書賈誼曰刑不上大夫所以厲寵臣之節也遇之有禮故羣臣自憙嬰以廉耻故人矜節行

刑人不在君側

鄭氏曰為其怨憾為害也春秋傳曰近刑人則輕死之道

○兵車不式武車綏旌德車結旌釋文綏耳隹反

鄭氏曰兵車不式尚威武不崇敬也綏旌盡飾也綏謂舒垂之也武車亦兵車結旌不盡飾也結謂收斂之也德車乘車孔氏曰兵車革路也兵車尚武猛宜無推讓故不為式敬也武車亦革路也取其建戈刃即云兵車取其威猛即云武車也旌謂車上

按流行爲革路則兵車

旗旛也尚威武故舒散旗旛之旒以見於美也德車謂玉路金路象革路木路四路不用兵故曰德車德美於内不尚赫奕故纏結其旒著于竿也方氏慤曰周官道車載旞斿車載旌此武車德車並言旌猶司常通謂九旗也愚謂王之玉路建大常則不結旌而使人維之故節服氏朝覲六人維王之大常維之亦結之之意也左傳晋人辛未治兵建而不旆壬申旆之旆與不旆即綏旌結旌之事是兵車亦有時結旌但德車以結旌為常耳

史載筆士載言

鄭氏曰謂從於會同各持其職以待事也筆謂書具之屬言謂會同盟要之言孔氏曰史謂國史書録王事者王若舉動史必書之王若行往則史載書具而從之也不言簡牘而言筆者筆是書之主則餘載可知士謂司盟之士言謂盟會之辭舊事也

崔靈恩云必載盟會之辭者或尋舊盟或用舊會之禮應須知之也愚謂史謂大史内史之屬周禮大史大朝覲會同以書協禮事内史掌書王命士大史内史之士周禮大史下大夫二人上士四人内史中大夫一人下大夫二人上士四人中士八人下士十有六人君出則大史内史載筆以從以備記載其士又載舊時紀載之言以備徵考也

○前有水則載青旌前有塵埃則載鳴鳶前有車騎則載飛鴻前有士師則載虎皮前有摯獸則載貔貅釋文載音戴本亦作戴埃烏来反鳶悅專反騎其寄反摯音至貔婢支反徐扶夷反貅本亦作貅許求反又虛虯反○鄭注士或為仕○今按載字方氏胡氏讀如字亦通

鄭氏曰載謂擧於旌首以警衆也禮君行師從卿行旅從前驅擧此則士衆知所有所擧各以類象青青雀水鳥鳶鳴則將風鴻取飛有行列也士師謂兵衆虎取其有威勇也貔貅亦摯獸

也書曰如虎如貔孔氏曰軍行銜枚若有非常不能傳道且人衆廣遠難可周徧故前有変異則象類示之左傳云前茅慮無是也青雀水鳥畫于旌上軍行值水則舉示之軍士望見則知前必值水而防之也鳶鴟也鴟鳴則風生風生則塵埃起前有塵埃則畫鳶于旌首而載之不直言鳶而云鳴者鳶不鳴則風不生故畫作開口如鳴時也不言旌從可知也車騎彼人之車騎也鴻鴻鴈也鴈飛有行列與車騎相似軍行見彼人車騎則畫鴻於旌首而載之也然古人不騎馬經記正典無言騎者今言騎當是周末時禮士師兵衆也虎威猛亦兵衆之象若見兵衆則舉虎皮于竿首也摯獸猛而能擊虎狼之屬也貔一名白豹虎類也爾雅曰貔白狐也貔貅是一獸亦有威猛若前有猛獸則舉此貔貅也一云與虎皮並畫作皮于旌一云並載其皮方

經文無陳字

氏愨曰載謂建之于車而警衆于後也愚謂既言車騎又言士師則士師謂徒兵也

行前朱雀而後玄武左青龍而右白虎招搖在上急繕其怒釋文招搖並如字繕依註音勁吉政反陳直覲反。朱雀今本註疏皆作朱鳥衛氏集說及石經作朱雀與孔疏合今從之又按呂氏陸氏胡氏皆讀如字義亦通

鄭氏曰以四獸為軍陳象天也急猶堅也繕讀曰勁又畫招搖星於旌旗上以起居堅勁軍之威怒象天帝也招搖在北斗杓端主指者孔氏曰前明軍行逢值之禮此明軍行象天文而作陳法也前南後北左東右西也朱雀玄武青龍白虎四方宿名也軍前宜捷故用朱雀軍後宜殿故用玄武玄武龜也龜有甲能禦侮也左為陽陽能發生象龍變生也右為陰陰沈能殺象虎沈殺也軍之左右生殺變應如龍虎也軍行畫此四獸於旌

旗以標前後左右之軍陳招搖北斗第七星也春秋運斗樞云北斗七星一天樞二璇三機四權五衡六開陽七搖光也一至四為魁五至七為標搖光即招搖也北斗居四方宿之中以斗末從十二月建而指之則四方之宿不差今軍行法之亦作此北斗星在軍中舉之於上以指正四方使四方之陳不差故云招搖在上也並作七星而獨云招搖者舉指者為主也勁利也其怒士卒之怒也軍行既張四宿于四方標招搖于中上象天之行故軍旅士卒起居舉動堅勁奮勇如天帝之威怒也鄭云畫招搖星於旌旗上則四物皆畫可知矣呂氏大臨曰周官司常掌九旗之物名所謂交龍為旂象青龍也熊虎為旗象白虎也鳥隼為旟象朱雀也龜蛇為旐象玄武也急追之也繕脩也言作而致其怒也陸氏佃曰前朱雀旟是也後玄武旐是也左

青龍旂是也右白虎旗是也招搖在上大常是也胡氏銓曰招搖蓋謂主兵者以四獸之兵（旌）招搖指揮耳繕完也春秋傳云征繕又云繕甲兵鄭以繕為勁恐非愚謂行謂軍行也朱雀玄武青龍白虎皆畫之于旌以表軍陳者朱雀鶉也師曠禽經云赤鳳謂之鶉南方七宿有朱雀之象故前軍之旗畫為朱雀以象之玄武龜蛇也北方七宿有玄武之象故後軍之旗畫為玄武以象之東方七宿有青龍之象故左軍之旗畫為青龍以象之西方七宿有白虎之象故右軍之旗畫為白虎以象之考工記曰龍旂九斿以象大火也鳥旟七斿以象鶉火也熊旗六斿以象伐也龜蛇五斿以象營室也六月之詩曰織文鳥章白旆央央元戎十乘以先啟行鳥章鳥隼之章也而以啟行此前朱雀也出車之詩曰我出我車于彼牧矣又曰我出我車于彼郊矣建此旐

矣在牧者為前軍則在郊者為後軍而建旐此後玄武也招搖陸氏以為大常是也左傳三辰旂旗昭其明也杜預云三辰日月星也疏云九旗之物日月為常不云畫星盖大常之上又畫星也穆天子傳稱天子葬盛姬建日月七星戰國策建九斿從七星之旟此天子之位也大常兼畫日月七星此獨言招搖取其居四旗之中以指正四方也胡氏觧招搖為指揮之義義亦可通史記孔子世家招搖市過之漢書郊祀歌體招搖若永望上謂車上招搖在上所謂綏旌也謂四旗垂其旒縿飛動于兵車之上所以急振起其士卒之怒氣此所以晉人斾而諸侯畏之也

進退有度左右有局各司其局

鄭氏曰度謂伐與步數局部分也孔氏曰牧誓云今日之事不愆于六步七步乃止齊焉四伐五伐乃止齊焉一擊一刺為一

鐲摝周礼訂

伐爾雅云局分也郭璞云謂部分也左右有局者軍在左右各有部分不相濫也愚謂此謂戰時之法也軍之或進或退各有度數大司馬中軍以鼙令鼓鼓人皆三鼓司馬振鐸羣吏作旗車徒皆作鼓行鳴鐲車徒皆行及表乃止三鼓摝鐸羣吏弊旗車徒皆坐又三鼓振鐸作旗車徒皆作鼓進鳴鐲車驟徒趨及表乃止坐作如初乃鼓車馳徒走及表乃止鼓戒三闋車三發徒三刺乃鼓退鳴鐃且卻及表乃止坐作如初所謂進退有度是也左傳欒書欲載厲公欒鍼曰書退離局姦也是軍之左右各有部分也左右之師各司其局則部分明而進退亦聽之矣○前有水至此記人君出師車騎軍陳之法

前有水上當有自字

○父之讎弗與共戴天兄弟之讎不反兵交遊之讎不同國釋文讎常由反●鄭註交遊或為朋友

鄭氏曰父者子之天殺己之天與共戴天非孝子也行求殺之乃

按周禮訂補此全引周官
而異權删此六字抄者偶脫耳

按文義當有此字
疏亦有此不共戴天者
句

止不反兵恒執殺之備不同國讎不吾避則殺之孔氏曰父之讎弗與共戴天者不可與共處于天下也天在上故曰戴檀弓云父母之讐寢苫枕干不仕弗與共天下也遇諸市朝不反兵而鬬並是不共天下也而調人云父之讐辟諸海外則得與共戴天者謂此孝子之心不許共讐人戴天必殺之乃止調人謂逢遇赦宥王法辟諸海外孝子雖欲往殺力有所不能也兄弟謂親兄弟也不反兵者謂帶兵自隨見即殺之也檀弓云父母之讐不反兵兄弟之仇仕不與共國而此云兄弟不反兵者父母不反兵于普天之下兄弟不共國謂不同中國也父母仇讎則不仕不辟市朝兄弟仇讐則猶仕而避市朝也而亦同不反兵則同體重之也而調人云兄弟之讎辟諸千里之外者亦謂會遇恩赦之法也檀弓又云銜君命而使雖遇之不鬬雖同不反

兵與父母讐異也交遊之讐不同國者交遊朋友也為朋友亦報仇故前云父母存不許友以死則知父母沒得為朋友報也不同國者謂不共五等一國之中也調人云從父母兄弟之讐不同國與此同又調人云主友之讐視從父兄弟是主友亦同此與調人皆謂會赦故不同國雖不同國國外百里二百里則可其兄弟仕不與共國必須相去千里之外也但從父兄弟反交遊主友報讎之時不自為首故檀弓云從父兄弟之仇不為魁主人能則執兵而陪其後也其君之讐調人云視父師長之讎視兄弟則姑姊妹伯叔皆視兄弟賈氏公彦曰兄弟從父兄弟等之讎皆謂無子復無親于己者故據己親疎為遠近若有子反有親于己者則自從親為斷愚謂殺人者死人之父兄見殺不治以士師之法而使其子弟自復焉何也考之調人所謂

元本有見字

雠者則過而殺傷人者乃司刺所謂不識過失遺忘而法之所宥也雖然宥之者朝廷之法而為子弟者不能以其父兄之過而（見殺而）遂已焉夫是以和之而使避不可則與之瑞節而執之若此者皆無事乎復雠者也雠之有事乎復者蓋其和之而不聽避之而不可執之而不能者此非吏之有所拘則勢之有所格也於是孝子弟弟迫于不得已之情起而剸刃讐人之胸先王亦原其情而聽之不以為法之所已宥而禁之也雖然拘乎人之情而其端既開將不可復止故又為之權之以理而著為令曰凡殺人而義者令勿雠雠之則死蓋法也情也理也參校而歸于輕重之平先王之權衡審矣為慮深矣

○四郊多壘此卿大夫之辱也地廣大荒而不治此亦士之辱也釋文壘徐力軌反又力水反

鄭氏曰卿大夫之辱辱其謀人之國不能安壘軍壁也數見侵

伐則軍壘多士之辱辱其親民不能安荒穢也孔氏曰王城四面並有郊近郊五十里遠郊百里諸侯之郊里數隨地廣狹卿大夫尊高任當軍師（帥）若尸位素餐則寇戎充斥數戰郊圻故多壘為卿大夫之辱士為君邑宰勸課耕稼若使地土廣大而荒穢民散而流移亦邑宰之耻辱也云亦者非但大夫之辱亦是士之辱

（毛本阮本衛氏集說並作軍帥）

○臨祭不惰

鄭氏曰為無神也孔氏曰祭如在急惰則神不歆

祭服敝則焚之祭器敝則埋之龜筴敝則埋之牲死則埋之釋文埋徐武乖反

鄭氏曰此皆不欲人褻之也焚之必已不用埋之不知神之所為

凡祭於公者必自徹其俎

鄭氏曰臣不敢煩君使也大夫以下或使人歸之祭於公助祭於君也孔氏曰此謂士助君祭也若大夫以上則君使人歸其

俎或鄭氏因君以明臣言大夫以下自祭其廟則使人歸賓俎故曾子問云攝主不歸俎明正主則歸俎也愚謂此疏有二義前說乃經註之本義史記孔子世家魯郊不致燔俎於大夫是大夫助祭于君當歸其俎此自徹其俎者謂士也

自疏云至人親之所名双リ小注

○卒哭乃諱

鄭氏曰敬鬼神之名也諱辟也生者不相避名衛侯名惡大夫有名惡疏云昭七年衛侯惡卒穀梁傳云昭元年有衛齊惡今衛侯惡何謂君臣同名也君子不奪人親之所名君臣同名春秋不非孔氏曰卒哭前猶以生事之則未諱至卒哭後服已受變神靈遷廟乃神事之故諱之愚謂周人以諱事神卒哭之明日祔於廟則以鬼神之禮事之故諱避於是乎始

禮不諱嫌名二名不偏諱

鄭氏曰爲其難避也嫌名謂聲音相通若禹與雨丘與區也疏云禹與雨音同而義異丘與區音異而義同二者各有嫌疑愚謂丘區二字並音去求反顏師古曰古語區丘二字音不別疏說非是○偏謂二名不一一諱也孔子之母名徵在言在不言徵言徵不言在

逮事父母則諱王父母不逮事父母則不諱王父母釋文逮音代一音大計反

鄭氏曰逮及也謂幼孤不及識父母恩不至于祖名孝子聞名心瞿諱之由心此謂庶人適士以上廟事祖雖不逮事父母猶諱祖孔氏曰庾云諱王父母之恩正應由父所以連言母者婦事舅姑同事父母且配夫爲体諱敬不殊故幼無父而識母者則諱王父母也愚謂禮不下庶人此謂士之禮也凡諱之禮惟及其有廟者而止廟遷則諱避之所不及也士惟一廟適士雖二廟其一乃別子爲祖者之廟而王父母亦無廟故皆不諱王

父母惟逮事父母者父為王父母諱子從而諱之雖父没不忍變也

君所無私諱大夫之所有公諱

鄭氏曰君所無私諱臣言于君前不辟家諱尊無二上也大夫之所有公諱辟君諱也孔氏曰大夫之所有公諱者謂于大夫之所止得避公家之諱不得避大夫諱愚謂入門而問諱在大夫所自當為大夫諱但不得避己之私諱耳疏説非是然此亦謂士禮若兩大夫相與言則各得避己私諱以其尊敵也

詩書不諱臨文不諱

鄭氏曰為其失事正孔氏曰詩書謂教學時也臨文謂執禮文行事時也愚謂臨文凡官府文書國史紀載皆是非惟禮文而已魯定公名宋春秋不諱宋

廟中不諱

鄭氏曰有事於高祖則不諱曾祖以下尊無二也于下則諱上

孔氏曰謂祝嘏説辞有事于禰則諱祖以上

夫人之諱雖質君之前臣不諱也

鄭氏曰臣於夫人之家恩遠也質對也

婦諱不出門

鄭氏曰婦親遠于（於）宮中言辟之也田氏瓊曰雜記母之諱宮中諱妻之諱不舉諸其側此婦諱與母諱同者雜記分尊卑故詳言之此大畧言之耳陳氏澔曰夫人之諱婦諱皆謂其家先世門者其所居之宮内也愚謂婦諱謂婦人之所諱母之諱妻之諱皆是也母之諱於己為小功親妻之諱於己為緦親皆不在應諱之限但以母尊而妻親故不敢舉其諱于宮中出宮則不諱矣

大功小功不諱

孔氏曰朞親則為諱熊氏云大功亦諱小功不諱若小功與父同諱則亦辟之雜記王父母兄弟世父叔父姑姊妹子與父同諱父之世叔父及姑姊妹皆小功父為諱故已從父為之諱愚謂記言大功不諱而熊氏謂大功亦諱者謂姑姊妹降服大功也然姑姊妹本期親降服大功故諱若本服大功則不諱也

入竟而問禁入國而問俗入門而問諱釋文竟音境

鄭氏曰皆為敬主人也禁謂政教俗謂所常行與所惡也國城中也孔氏曰竟界首也禁謂國中政教所忌國國門内也門主人之門也問諱以門為節主人出至大門外迎客客入門方應交接故於門為限也○自卒哭乃諱至此明諱避之法

○外事以剛日内事以柔日

鄭氏曰順其出為陽居内為陰孔氏曰十日有五剛五柔甲丙戊庚壬五奇為剛乙丁己辛癸五偶為柔也愚謂外事謂祭外神内事謂祭内神下篇曰踐阼臨祭祀内事曰孝王某外事曰嗣王某是也田獵出兵亦為外事故詩言吉日維戊既伯既禱吉日庚午既差我馬春秋甲午治兵皆剛日也冠昏喪祭亦為内事故士虞禮三虞皆用柔日少牢禮曰日用丁己春秋書葬皆柔日祭天為外事而用辛卒哭為内事而用剛日自為別義不在此限也

凡卜筮日旬之外曰遠某日旬之内曰近某日喪事先遠日吉事先近日釋文筮市制反

鄭氏曰旬十日也先遠日先近日者孝子之心喪事葬與練祥也吉事祭祀冠取之屬也孔氏曰旬之外曰遠某日者案少牢禮今月下旬卜來月上旬是旬之外日也主人告筮者云欲用遠

某日故少牢云日用丁巳筮旬有一日吉乃官戒旬之內曰近某日者案特牲禮云不諏日註云士賤職褻時至事暇可以祭則筮其日是士於旬初即筮旬內之日主人告筮者云用近某日若天子諸侯凡有雜祭或用旬內或用旬外其辭皆與此同案少牢特牲皆云來日丁亥不云遠某日近某日者文不具也喪事謂葬與二祥是奪哀之義非孝子之所欲但制不獲已故卜從遠日而起今月下旬先卜來月下旬不吉卜中旬不吉卜上旬故宣八年左傳云禮卜葬先遠日辟不懷也尊卑俱然吉事謂祭祀冠昏之屬少牢云若不吉則及遠日又筮日如初是先近日也愚謂上言遠某日近某日者以旬之外內分遠近也下言遠日近日者以來月之下旬與上旬分遠近也特牲禮不吉則筮遠日少牢禮筮旬有一日不吉則及遠日又筮此皆以旬之外為

遠日者也左傳卜葬先遠日此以来月之下旬為遠日者也
曰為日假爾泰龜有常假爾泰筮有常釋文假古雅反
鄭氏曰命龜筮辞龟筮于吉凶有常大事卜小事筮愚謂為日言
為行事求吉日也卜筮有占日占害之以占外事剛日内事柔
日而此言命龟命筮之辞亦曰為日則皆主乎占日而言若為
事而占則當擧所為之事而命之也假借也曰泰尊之之辞言
假借爾泰龟泰筮之靈以問于神也有常言其斷吉凶不差忒
可憑信也○孔氏曰凡卜筮大夫以上命龟有三命筮有二其
一為事命龟涖卜之官以主人卜事命卜史是一也卜史既得
所卜之命更序述涖卜所陳之辞名曰述命二也卜人即席西
面命龟云假爾泰龟有常三也命筮二者一為事命筮則主人
以所為之事命筮史是一也二則筮史得主人之命遂述之為

述命是二也士則命龜有二命筮有一士喪禮云命筮人哀子某為其父筮宅筮人許諾不述命註云不述者士禮畧是士命筮一也士喪禮涖卜命曰哀子某卜葬其父無有近悔許諾不述命乃云即席西面坐命龜既云不述命是士命龜二也知大夫命筮三者以士命筮不述命則知大夫以上述命也故少牢云主人曰孝孫某来日丁亥用薦歲事于皇祖伯某又云史遂述命曰假爾泰筮有常孝孫某来日丁亥云是大夫命筮二但冠即席所命于述命之上也知大夫命龜三者以士喪禮涖卜為事命龜又有即席四（西）面命龜云不述命明大夫有述命故知大夫命龜三也

卜筮不過三卜筮不相襲

鄭氏曰求吉不過三魯四卜郊春秋識（譏）之孔氏曰一卜不吉而凶又卜以至于三三若不吉則止若筮亦然愚謂卜筮不過三言卜

筮不從者至于三則止不可以更卜筮也春秋傳曰三卜禮也四卜非禮也是也襲重也卜筮不相襲言卜筮既從者不可以更卜筮也書言卜不襲吉是也此二者皆為其瀆鬼神也○張子曰據儀禮惟有筮遠日之文不云三筮日之禮止是二筮先筮近日後筮遠日不從則直用下旬遠日蓋亦足以致聽命鬼神之意而祭則不可廢愚謂張子之言最得禮意先儒皆謂卜不吉則止不祭非也然特牲少牢皆止二筮而春秋書卜郊有三卜四卜者傳曰三卜禮也四卜非禮也然則二筮者大夫士之禮而三卜者人君之禮與士祭不輒諏日不吉即于筮日更筮大夫則筮旬有一日不吉則及遠日又筮則人君之卜日亦宜有與大夫不同者矣

龜為卜筴為筮卜筮者先聖王之所以使民信時日敬鬼神畏法令

按疏行

也所以使民決嫌疑定猶與也故曰疑而筮之則弗非也日而行事則必踐之。釋文與音預本亦作豫踐依註音善王如字鄭註箋或為著。今按踐字如字為是

鄭氏曰弗非無非之者日所卜筮之吉日也踐讀為善聲之誤也王氏肅曰踐履也卜得可行之日必踐而行之孔氏曰先聖王伏羲以來聖人為天子者也時四時及一日十二時也日者甲乙之屬擇日而祭祀所以敬鬼神也說文云猶獸名玃屬與亦獸名象屬此二獸皆進退多疑人多疑者似之故謂之猶豫[與]

吳氏澄曰卜筮之用有二占日與占事也用以占日使民信時日用以占事使民決嫌疑愚謂信時日三句言占日決嫌疑二句言占事時謂四時時不須占以日繫于月月繫于時故兼言時日耳古人卜筮日無占十二時者孔兼十二時言之非也信時日者卜筮得吉日則人無不信其善也祭祀必擇日是敬鬼

神也畏法令者擇日而戒誓之則人無敢不如期而赴事也嫌疑者是非之未決卜筮以決之猶豫者行止之未定卜筮以定之信時日三句言占日決嫌疑二句言占事疑而筮之二句證上決嫌疑之意日而行事二句證上[illegible]所日之意○自外事以剛日至此明卜筮之事

○君車將駕則僕執策立于（於）馬前

鄭氏曰監駕且為馬行孔氏曰僕御車者也周禮諸僕皆用大夫士策馬杖也别有人牽馬駕車僕知車事故執策監駕恐馬奔走故立馬前愚謂周禮馭夫分公馬而駕治之趣馬掌駕說之頒典路大祭祀出路贊駕說則駕車之事蓋趣〻馬頒之馬主之典路贊之矣與

已駕僕展軨效駕釋文軨歷丁反一音領

孔氏曰展視也軨舊説云軨車欄也駕竟僕從車軨左右四面視之上至于欄也盧氏云軨轄頭轊也車行由轄效白也白君道駕畢戴氏震曰説文軨車轖間横木轖車籍交錯也楚辞亏結軨兮長太息集註軨軾下從衡木按軨者軾較下從横木緫名即考工記之軹轛也盧植轄頭靻之説乃因漢時路車之轄施小旛謂之飛軨遂以觧經古無是名也愚謂軨為軾軾從横之木舊説以為車闌是也鄭氏謂笺為覆笭笭即軨也展軨效駕謂周視車闌之三面而白君言已駕也轊者車之軸頭轄者以鐵為之所以関軸而制轂此於展視固在所急然周視車闌則轊轄固在其内矣陸氏引盧氏説作轄頭靻孔疏引之作轄頭轊陸氏為是盖靻施於轄端故曰轄頭靻若轊為軸末而轄関于轊内言轊頭轄則可言轄頭轊則非也

奮衣由右上取貳綏跪乘釋文上時掌反下犬馬不上同乘繩證反下除乘君不乘奇車乘路馬皆同

鄭氏曰奮振去塵也貳副也跪乘未敢立敬也孔氏曰僕入白駕竟先出就車於車後振衣去塵從右邊而升必從右者君位在左故避君空位貳副也綏登車索綏有二一是正綏擬君之升一是副綏擬僕右之升故取貳綏而升也跪乘者君既未出未敢依常而立所以跪而乘之為敬也然此是暫試空左在不嫌也

執策分轡驅之五步而立釋文轡悲位反

鄭氏曰調試之孔氏曰轡御馬索也車一轅而四馬駕之中兩馬夾轅者名服馬兩邊名騑馬亦曰驂馬每一馬有兩轡四馬八轡驂馬內轡係于軾前餘六轡分置兩手一手執杖以三轡置空手中以三轡置杖手中故曰執策分轡驅之驅馬行也五步而立者僕跪而驅馬得五步而僕倚立待君出也愚謂驅馬

當作於

不可跪上云跪乗謂未驅之前及既立之後也立駐車也公食禮曰賓之乗車在大門外西方北面立

君出就車則僕并轡授綏左右攘辟釋文并必正反攘如羊反又音讓辟音避徐扶亦反本或作避字非

鄭氏曰并轡授綏者車上僕所主左右謂羣臣陪位侍駕者攘御也或者攘古讓字孔氏曰并轡授綏者并六轡及策置一手中餘一手取正綏授君令登當右手并轡左手授綏回身向後引君上也左右攘辟者車將行故左右侍者悉遷卻以避車使不妨車行也愚謂并轡授綏者并轡策謂左手中而以右手授綏引君升車也蓋御車向前則君在業之左授綏向後則君升在僕之右且右手引君有力也攘古讓字荀子盛揖讓之容是也

車驅而騶至于大門君撫僕之手而顧命車右就車門閭溝渠必步

釋文驅起俱反徐起遇反騶仕救反又七須反徐仕遘反

接註行

鄭氏曰車右勇士之力備非常者君行則陪乘君式則下步行
孔氏曰車驅而騶者左右已辟故驅車而進則左右從者疾趨
從車行也至于大門外者謂東行至外門時也撫按止也車行
由僕君欲令駐車故抑止僕手也顧回頭也車右勇力之士也
車行則有三人君在左僕人中央勇士在右初在門內勇士從
趨在車後車行既至大門方履險阻恐有非常故回顧命車右
上車也門閭溝渠必步是車右之禮也溝廣深四尺者渠亦溝
也步下車也車若至門閭溝渠勇士必下車所以然者一則君
子不誣十室過門閭必式君式則臣當下也二則溝渠險阻恐
有傾覆勇士須下扶持之也僕不下車者僕下則車無御也愚
謂騶趨字通荀子騶中韶護以養耳車驅而趨謂車既驅而疾
行也周禮大馭凡馭路行以肆夏趨以采齊或曰騶如字說文

騶御也盖周官馭夫僕夫趣馬之屬掌駕馬者車初行恐馬或驚逸故騶隨至大門也門國門閭巷門也古者二十五家為閭同共一巷巷首有門○孔氏曰兵車参乗之法射者在左御在中央戈盾在右若非兵車則尊者在左故曲禮乗君之乗車不敢曠左鄭註云君存惡空其位若是元帥則在中軍鼓下御者在左戈盾亦在右成二年鞌之戰郤克為中軍将時流血及屨未絶鼓音是将居鼓下觧張御郤克觧張云矢貫余手及肘余折以御左輪朱殷是御者在左自然戈盾在右若天子諸侯親将亦居鼓下故戎右云賛王鼓成二年齊師圍龍齊侯親鼓之是也若非元帥則皆在左御者在中故成二年韓厥自其車左居中代御而逐齊侯杜預云兵車自非元帥御者皆在中檀弓疏

凡僕人之禮必授人綏若僕者降等則受不然則否若僕者降等則

一切下當依疏有僕字

撫僕之手不然則自下拘之釋文拘古侯反又音拘（俱）

鄭氏曰撫小止之謙也自下拘之由僕手下取之也僕與己同爵則不受孔氏曰凡僕人之禮謂為一切（僕）非但為君僕也車上僕所主故為人僕必授人綏也僕若降等謂士與大夫大夫與卿御也御者卑降則主人不須讓故受取綏也不然則否謂僕者敵體則不敢受其綏也若僕者降等則撫僕之手者僕者雖卑猶當撫止僕手不聽其授然後乃受也不然則自下拘之者不降等者既敵不受而僕者必授則主人不就僕手外取之而御手從僕手下拘僕手裡上邊示不用僕授也

○客車不入大門婦人不立乘犬馬不上於堂

鄭氏曰客車不入大門讓也婦人不立乘異于男子犬馬不上於堂非贄幣也孔氏曰立倚也婦人質弱不倚乘異男子也男

子倚乘婦人坐乘所以異也犬馬賤不奉上堂犬則執緤馬則執靮

故君子式黃髮下卿位入國不馳入里必式

鄭氏曰發言故明此篇衆雜辞也式黃髮敬老也下卿位尊賢也卿位卿之朝位也君出過之而上車入未至而下車入國不馳愛人也馳善躪人也入里必式不誣十室孔氏曰此以下明雜敬禮也君子謂人君也黃髮老人也卿位路門之内門東北面位燕禮大射卿大夫門右北面公降阼階南面邇卿是也尋常出入出則過卿位而上車入則未到卿位而下車若迎賓客則樂師註云登車于大寢西階之前反降于阼階之前或下卿位是諸侯禮樂師是天子禮國中人多若馳車則躪人故不馳論語云十室之邑必有忠信者焉是不誣十室也愚謂燕朝治

朝皆有御位人君日視朝于治朝此御位謂治朝之位也樂師註謂王有車出之事登降于大寢之階前以考工記應門路門皆取節于車者觀之則人君之車皆于路門內登降信矣下御位者蓋出則于路門外下車入則于雉門內下車過之而復登車與

○君命召雖賤人大夫士必自御之釋文御依註音迓五嫁反

鄭氏曰御當為迓迓也君雖使賤人來必自出迎之尊君命也春秋傳曰跛者御跛者眇者御眇者皆迓也

○介者不拜為其拜而蓌拜釋文為于偽反蓌子卧反又側嫁反挫也沈祖嫁反又子猥反盧本作蹲

孔氏曰介甲鎧也朱子曰蓌猶之有所枝柱不利屈伸也愚謂拜者必跪介者所以不拜者為其拜則枝柱其拜故不拜也○

陳氏祥道曰兵法曰軍容不入國國容不入軍軍容入國則民法廢國容入軍則民德弱兵車不式危事不齒介者不拜不以

按義改拄

之衞集說作言

國容入軍也

○祥車曠左乘君之乘車不敢曠左左必式

鄭氏曰曠左空神行也祥車葬之乘車不曠左君存惡空其位

孔氏曰祥猶吉也吉車為平生所乘葬時用為魂車曠空也車上尚左空左以擬神也乘車謂君之次路也王有五路王自乘一餘四路皆從行臣乘此車不敢曠左若曠左則以祥車故乘者自居左也左必式者雖處左而不敢自安故恒凴式乘車君皆在左若戎路則君在中央御者在左愚謂載柩之車為喪車故謂生時所乘用為魂車者為祥車

○僕御婦人則進左手後右手御國君則進右手後左手而俯

鄭氏曰進左手後右手遠嫌也進右手後左手而俯敬也孔氏曰僕在中央婦人在左僕御之時進左手持轡形微相背遠嫌

也御國君則進右手後左手者禮以相嚮為敬也而俯者既御不得恒式故但俯俛而為敬也

○國君不乘奇車 釋文奇居宜反

鄭氏曰出入必正奇車獵衣之屬孔氏曰國君出入必正不可乘奇邪不正之車盧氏云不如法者之車也隱義曰獵車之形今之鉤車是也衣車如鼈而長漢桓帝時禁臣下乘之

○車上不廣欬不妄指 釋文欬開代反

鄭氏曰不廣欬為若自矜不妄指為惑衆孔氏曰車已高若在上大欬若自驕矜又驚衆也妄虛也在車上高若無事忽虛以手指麾于四方並為惑衆也

立視五巂式視馬尾顧不過轂 釋文巂本又作嶲惠圭反 鄭注巂或為橤如捶反

鄭氏曰立平視也巂猶規也謂輪轉之度式視馬尾小俛顧不

過轂為掩在後孔氏曰㝢規聲相近規是圓故讀從規車輪一周為一規乘車之輪高六尺六寸徑一圍三總一規為一丈九尺八寸五規為九丈九尺六尺為步總一規為十六步半在車上所視則前十六步半也馬引車其尾近在車闌前憑式下頭時不得遠矚而瞻視馬尾若轉頭不得過轂過轂則掩後人私也論語云車中不內顧是也

國中以策彗卹勿驅塵不出軌釋文彗音遂徐雖醉反又囚歲反卹蘇沒反勿音沒驅如字又羌遇反○

按正義以驅字屬上七字讀為一句

今按注疏讀卹勿為窣沒為句吴氏卹勿並如字卹字驅字為句

鄭氏曰入國不馳彗竹帚卹勿搔摩也孔氏曰入國不馳故不用鞭策但取竹帚帶葉者為杖形如埽帚故曰策彗卹勿者以策微近馬體搔摩之不欲令疾也軌車轍也車行遲故塵埃不飛揚出轍外也朱子曰策彗疑謂策之彗若今時鞭末韋帶耳

吴氏澄曰彗卹謂埽拂之勿驅謂勿以策策馬令疾行也

○國君下齊牛式宗廟大夫士下公門式路馬釋文齊期〔側〕皆反○下齊牛式宗廟當從周禮註作下宗廟式齊牛

鄭氏曰自此下皆廣敬也路馬君之馬孔氏曰齊右職云凡有牲事則前馬註云王見牲則拱而式又引曲禮曰國君下宗廟式齊牛與此文異熊氏云此文誤當以周禮注為正馬比門輕故有下式之異方氏慤曰齊牛祭牲也歲時齊戒而朝之故謂之齊牛愚謂國君至宗廟下車敬祖考也廣其敬則于齊牛亦式之為其神之所享也大夫士至公門下車敬君也廣其敬則于路馬亦式之為其君之所乘也

乘路馬必朝服載鞭策不敢授綏左必式釋文鞭必綿反

鄭氏曰載鞭策不敢執也愚謂乘路馬謂以他車駕路馬而調

習之也必朝服者敬路馬也蓋御與左皆然鞭馬箠策馬杖載之者脩而不敢用也不敢授綏者不以綏授居左者辟御君之禮也此二句言御者之法左必式者又言居左之法也大夫士式路馬御者不能式居式者恒必式也此與上乘路車皆言左必式則乘路車路馬者御與左皆別人矣

步路馬必中道以足蹙路馬芻有誅齒路馬有誅釋文蹙本又作蹴采六反又子六反 芻初俱反

鄭氏曰齒數年也誅罰也孔氏曰步猶行也牽行君馬必在中道正路為敬也芻食馬草也芻供君馬所食若以足蹴踏之則有責罰論量君馬年數亦被責罰皆廣敬也

禮記卷五

曲禮下第二之一

瑞安孫希旦集解

凡奉者當心，提者當帶。釋文：奉，本亦作捧，同，芳勇反。提，徒兮反。

鄭氏曰：高下之節。孔氏曰：凡物有宜奉持之者，有宜提挈之者，各因其宜。奉之者，謂仰手當心，奉持其物；提之者，謂屈臂當帶而挈其物。帶有二處，朝服之屬，其帶則高於心；深衣之類，其帶則下於脇。何以知然？玉藻說大帶云：「三分帶下，紳居二焉。」紳長三尺，而居帶下三分之二，則帶之下去地四尺五寸矣。人長八尺為限，若帶下四尺五寸，則帶上所餘止三尺五寸，故知朝服等帶則高也。而深衣之帶，下毋厭髀，上毋厭脅，當無骨者，故知深衣之帶則下也。今云提者當帶，謂深衣之帶。且古人恒著深衣，此明尋常提奉，蓋可知也。愚謂疏以此為尋常提奉之法是也而謂深衣之帶與朝服等之帶高下不同則未然人長八尺頭長一宣一尺三寸三分寸之一自肩以下六尺六寸三分寸之二帶下四尺五寸則肩之下二尺一寸三分寸之二帶之所在也衣之度二尺有二寸帶正當其下際則於束衣不固故喪服記云衣帶下尺衣當帶下之處别以一尺續之然後可以束帶而固衣也由此言之朝祭之帶與深衣之帶其高下並同而不在心上亦明矣

執天子之器則上衡國君則平衡大夫則綏之士則提之釋文上時掌反綏依註音妥湯果反又他回反

鄭氏曰上衡謂高於心彌敬也此衡謂與心平綏讀曰妥妥之謂下於心孔氏曰衡平也人之拱手正當心平故謂心為衡天子至尊器不宜下臣為擎奉皆高於心彌敬也凡衡有二處若

大夫衡視則面為衡故鄭云此衡謂與心平也國君降於天子故其臣為奉器與心齊平也為士提之又在綏之下即上提者當帶也愚謂執猶奉也上謂尋常奉物故不分尊卑皆與心齊此謂行禮之時為其君執物故分別尊卑以為高下也論語孔子執圭上如揖下如授此國君平衡之法當心者也由是推之則上衡高於心綏之下於心可見矣士則提之者謂當帶與提物同也○馬氏晞孟曰古人以一威儀之肅慢為吉凶之所名以一執玉之俯仰為禍福之所係則夫見於奉持操執行走屈伸之際者其可忽乎

凡執主器執輕如不克

鄭氏曰重慎之也主君也克勝也孔氏曰主亦君也禮大夫稱主今此言主上通天子諸侯下含大夫尊者之器不論輕重其

據疏訂

臣執之唯宜重愼器雖實輕而執之猶如實重如不勝之容也故論語云孔子執圭鞠躬如也如不勝禮曰上介執玉如重是也

執主器操幣圭璧則尚左手行不舉足車輪曳踵釋文操七刀反曳以制反踵支勇反

鄭氏曰重愼也尚左手尊左也車輪謂行不絶也孔氏曰圭璧瑞玉也尚上也謂執持君器及幣玉則右手在下左手在上左尊故云尚左手曳拽也踵脚後也行時不舉足但起前拽後使踵如車輪曳地也愚謂尚左者謂以左手為尊也少儀云笏書脩包苴弓茵席枕几穎杖琴瑟戈有刃者櫝策籥其執之皆尚左手上篇言執弓遺人之法右手執簫左手承弣此執弓尚左手之法也則其餘可推矣蓋凡物之有上下者則以左手執其上端右手執其下端如弓之左執弣右執簫冠之右執領左執前衣之左執領右執要是也其無上下者則但以左手所執之

處為尊其以之授人則亦以左手之所執授之若奉席如橋衡
鄭謂横奉之左昂右低如有首尾是也凡執物皆然若幣圭璧
則圭有上下幣與璧無上下而執之皆以左手為尊也

立則磬折垂佩主佩倚則臣佩垂主佩垂則臣佩委釋文折之列反一音逝佩步内反本或作珮非倚范於綺反徐其綺反

鄭氏曰君臣俛仰之節倚謂附於身小俛則垂大俛則委於地

愚謂上文行不舉足車輪曳踵言行步之儀此又言立而授受
之儀也磬折謂身微僂如磬之曲折也磬折則佩垂於前立則
磬折垂佩者謂非與君相授受者則賓主之立皆以磬折垂佩
為度上篇言遺人弓者尊卑垂帨是也主君也佩倚者身直則
佩倚附於身也此又言與君相授命受之法君佩或倚或垂者物
或重或輕或受器於己臣或受之於他國之聘賓故有不必為

當作受

恭而佩倚者有恭敬而佩垂者臣則視君之身容以為節而皆視君加恭所以尊君也

執玉其有藉者則裼無藉者則襲釋文藉在夜反裼星歷反

劉氏彝曰此謂朝聘時圭璋璧琮琥璜皆玉也執琥璜璧琮則與帛錦繡黼黻同升所謂有藉有藉則裼裼者禮差輕尚文也執圭璋則特達所謂無藉無藉則襲襲者禮方敬尚質也愚謂裼露也謂摺上衣之衽於內而露其中衣也襲重也謂舒其上衣之左衽以重於右襟之下而掩其中衣也裼為見美襲為充美行禮以裼襲為文質之異聘時賓主皆襲而其玉則圭璋也圭璋則特達而無藉者也聘禮賓襲執圭公側襲受玉于中堂與東楹之間是也行享尚文賓主皆裼而其玉則璧琮也璧琮則加於束帛而有藉者也聘禮公側授宰玉裼降立擯者出

七字双リ小注疏無此語

以為鞶三字似衍

変據注改

請賓裼奉束帛加璧享是也裼襲因聘享而分不分玉之有藉無藉而起而玉有藉無藉聘享時亦不同故記會而言之○鄭氏曰藉藻也裼襲文質相受耳有藻為文裼見美亦文無藻為質襲充美亦質圭璋特而襲璧琮加束帛而裼亦是也孔氏曰凡執玉之時必有藻以承乎玉鄭註覲禮云繅以韋衣木廣袤各如其玉之大小以為鞶典瑞云王五采五就公侯伯三采三就子男二采二就又曰瑑圭璋璧琮繅皆二采二就是也又有五采組繩以為繫無事則以繫玉有事則垂為飾故聘禮記皆元纁繫長尺絢組是也是藻藉有二種一者以韋衣木畫之一者絢組垂之玉藻說詳雜記下今言無者據垂之也朱子曰今言無者據垂之也與經文及上下文俱相反疑據下脫一不字愚謂疏云據垂之者蓋謂以韋衣木之藉常在不可以言無藉今言有藉無藉者據絢組繫可垂者而言之也其垂藻之時則須裼屈藻之時則須襲案聘

禮賓至主人廟門外賈人東面坐啓櫝取圭垂繅不起而授上介註云不言裼襲者賤不裼明貴者垂藻當裼也又云上介不襲執圭屈繅授賓註云上介不襲以盛禮不在于己明屈繅合襲也又云賓襲執圭又云公襲受玉於時圭皆屈藻是屈藻之時皆襲所謂無藉者襲也又曰賓裼奉束帛加琮享是有藉者裼凡享時其玉皆無藻藉故崔靈恩云初享享字當作聘圭璋特故有藻其餘則束帛加璧既有束帛故無藻朱子曰崔靈恩云璧琮既有束帛則不須藻似亦牴牾疑璧琮雖有藻而屈之特以加束帛故從有藉之例而執者裼耳○按此上申注前說鄭云圭璋特而襲璧琮加束帛而裼者以經云裼襲據人之裼襲欲明玉亦有裼襲圭以馬璋以皮皮馬不上於堂其上特有圭璋實物不可露見必以物蒙覆之故云襲璧以帛琮以錦既有帛錦承玉上惟用輕細之物蒙覆以裼之此皇氏之說熊氏以為圭璋特

琮似作璧与聘禮文合

以下明賔主各自為裼襲朝時用圭璋特賔主俱襲享時璧琮加束帛賔主俱裼按此上皇氏熊氏二說並申註後說愚謂此條注有二義而疏為三說垂藻為有藉而賔主裼屈藻為無藉而賔主襲此解注前說之義一也皇氏謂圭璋特為無藉故用物蒙覆為襲璧琮加束帛為有藉惟用輕細之物蒙覆為裼熊氏謂朝時圭璋特賔主俱襲享用璧琮加束帛賔主俱裼此並解註之後說三也聘享之玉別無他物蒙覆皇氏臆說無據此不待辨而明者至玉之垂藻屈藻則見於聘禮者甚詳始受君命賈人取圭垂繅以授宰宰屈繅以授使者使者垂繅以授上介上介屈繅以授賔既歸反命使者執圭垂繅上介執璋屈繅然惟於上介授賔言不襲而其時圭則屈繅也其餘皆不言裼襲之變然則圭之垂繅屈繅與人之裼襲初不相因矣禮于上介授賔言不襲欲

明襲者惟賓一人上介雖將行聘禮執圭猶不襲耳非以屈繅之必襲而特見其不襲者也故劉氏陸氏惟取熊氏之說而朱子亦以為然○凡衣冬有裘夏有絺綌春秋有禪絅袍繭其上有中衣中衣上有禮衣若朝服皮弁服之屬是也禮衣皆直領而對襟其當胸左右各餘一寸以為衽衽恒摺于衣内而露其中衣謂之裼若禮之尤重者則舒其衽而掩于中衣謂之襲經記但言裼無言裼衣者而注疏乃以禮服内之衣指為裼衣實則裼衣即中衣也中衣之所用與上服同而別以華美之物為之領緣如諸侯則黼繡丹朱大夫士雖不可考亦要必視其上服之色為華故裼謂之見美下文云天子視不上於袷中衣與深衣同制故有袷古人以裼為常裼則露其中衣之袷故視天子者據之以為節然則裼衣之即中衣明矣孔疏謂裼衣上有

襲衣襲衣上有常著之服皮弁之屬則裼衣上服之間多一襲衣矣聘禮賈疏謂冬有裘裘上有裼衣裼衣上有上服皮弁祭服之等夏有絺綌春秋則袷褶其上有中衣中衣上有上服此不別言襲衣視孔為優然不知裼衣即中衣而誤以為冬夏之分則亦未為得也○自篇首至此皆明執物之儀

○國君不名卿老世婦大夫不名世臣姪娣士不名家相長妾釋文姪大節反字林丈一反娣大計反相息亮反長竹丈反

鄭氏曰雖貴於其國家猶有所尊也卿老上卿世臣父時老臣

孔氏曰上卿貴故曰卿老世婦謂兩媵貴於諸妾也姪是妻之兄弟女娣是妻之妹從妻來為妾也家相謂助知家事長妾謂妾之有子者呂氏大臨曰卿老世臣家相皆貴臣也世婦姪娣長妾皆貴妾也愚謂上卿謂之卿老者諸侯之卿自稱曰寡君之

老也諸侯娶一國則二國往媵之諸侯一娶九女夫人與左右媵各有姪娣世婦妾之貴者謂二媵也或曰左氏每言以夫人之姪娣為繼室夫人之姪娣貴於左右媵也世臣父時舊臣也大夫士娶亦有姪娣左傳穆叔娶於莒曰戴己生文伯其娣聲己生惠叔又曰臧宣叔娶於鑄而死繼室以其姪家相臣之主家事者所謂宰也長妾妾之長者士昏禮曰雖無娣媵先士娶或不必有姪娣故但推其年長者為貴也

○君大夫之子不敢自稱曰余小子大夫士之子不敢自稱曰嗣子某不敢與世子同名鄭注世或為大

鄭氏曰君大夫之子不敢自稱曰余小子辟天子之子未除喪之名君大夫天子大夫有采地者大夫士之子不敢自稱曰嗣子某亦辟其君之子未除喪之名不敢與世子同名辟僭傚也

其先之生則亦不改愚謂余小子天子在喪自稱之辭嗣子某諸侯在喪自稱之辭下文云諸侯在凶服曰適子孤與此稱嗣子某不同者蓋嗣子某在喪而稱於臣民之辭適子孤在喪而稱於諸侯之辭也晉有小子侯此諸侯在喪而僭天子之稱者左傳趙襄子謂楚隆曰嗣子不廢舊業而敵之此大夫在喪而僭諸侯之稱者世子君之適子諸侯世國大夫不世家故諸侯之子謂之世子不敢與世子同名尊儲貳也

偪耦句是鄭注

○君使士射不能則辭以疾言曰某有負薪之憂釋文鄭注使音史射市夜反則辭以疾如字本文作有疾○鄭注憂或為疾

鄭氏曰射所以觀德惟有疾可以辭也孔氏曰君使士射謂以偪耦也射以觀德士既升朝必當宜有德不得云不能但當自言有疾也某士名也負檐也大樵曰薪士祿代耕而云負薪亦謙辭也憂勞也若直云疾則似傲慢故陳疾之所由言己有擔

樵之餘勞故不堪射明非假也呂氏大臨曰射者男子之所有事也不能射則幾于非男子矣故士不能射可以疾辭而不可以不能辭也孟敬子曰有采薪之憂不能造朝采薪猶負薪也愚謂孟子集註云負薪之憂言病不能負薪也義亦通

○侍於君子不顧望而對非禮也

鄭氏曰禮尚謙也不顧望若子路率爾而對

○君子行禮不求變俗祭祀之禮居喪之服哭泣之位皆如其國之故謹脩其法而審行之

鄭氏曰求務也不務变其故俗重本也謂去先祖之國居新國其法謂其先祖之制度若夏殷孔氏曰君子行禮謂去先祖之國居他國者也雖居他國猶宜重本行故國法不務变之從新也祭祀之禮即夏立尸殷坐尸周旅酬六尸及先求陰陽犧牲

如字疑在幕上
領並誤頒
士喪下當有禮字

騂黑之屬也居喪之服者殷雖尊貴猶服旁親周則以尊遞降哭泣之位者殷不重適以班高處上周貴正嗣孫居其首舉此三條餘冠昏之禮從可知也愚謂祭祀之禮居喪之服哭泣之位此三者列國所行容有不同非但為夏殷周之殊制也雖禮無明文可見然以喪禮言之幕則如或布或綃衻則或合或離拜則或稽顙而後拜或拜而後稽顙士喪禮沐稻而喪大記則沐梁士喪禮小歛陳衣于房中南頒西上而喪大記則大夫士同西頒北上士喪大歛亦陳衣于房中南頒西上而喪大記大夫士皆陳衣于序東西頒南上蓋禮之大體不容或異而其義文曲折之閒不能盡一故冡宰八則六曰禮俗以馭其民禮之其所同俗者其所不盡同者也謹脩之者講習於平時實行之者致詳於臨事

去國三世爵禄有列於朝出入有詔於國若兄弟宗族猶存則反告於宗後

鄭氏曰三世自謂祖至及孫踰久可以忘故俗而猶[illegible][illegible]者爵禄有列於朝謂君不絶其祖祀復立其族若臧紇奔邾[illegible]矣詔告也謂與卿大夫吉凶往来相詔告宗後宗子也愚謂世言其遠也爵禄有列於朝謂其宗族尚有為卿大夫者也自此而往謂之出自彼而至謂之入出入有詔於國謂與舊國以吉凶之事相赴告者也以道去君而未絶者為舊君有服則君之喪固赴之而其死亦必赴於舊君矣至於三世則已遠然爵禄尚有列於朝則與其舊君猶以吉凶之事相赴告蓋其義猶[illegible]絶也兄弟宗族猶存則僅存而已而未必有列於朝矣如是則雖可以無詔于國而要不可自絶於其宗也故必反告於宗後

去國三世爵禄無列於朝出入無詔於國唯興之日從新國之法

鄭氏曰出入無詔於國以故國於已無恩興謂起爲卿大夫愚謂去國三世爵禄無列於朝則出入無詔於國矣然猶未可遽變其舊俗唯起而爲卿大夫然後可以從新國之法蓋始爵者得自爲宗既可以自別於其宗則雖变其舊俗可矣其有列有詔而興者亦當然燋無列無詔者或不待興而據变舊俗故特明之。自君子行禮至此論去國者行禮之事

君子已孤不更名已孤暴貴不爲父作謚釋文爲于偽反謚音示

鄭氏曰已孤不更名亦重本不爲父作謚子事父無貴賤孔氏曰暴貴謂士庶起爲諸侯非一等之位也謚者立平生德行作美號父賤無謚今忽爲造之似如鄙薄父賤不宜爲之父也或舉武王爲難鄭答趙商曰周道之基隆於二王功德由之王迹興焉凡爲人父豈能賢乎若夏禹殷湯則不然矣愚謂

已孤不更名重違其父也君子不奪人親之所名而況敢自奪乎謚本於尊者所成故天子之謚本之於天諸侯之許之於王子無謚其父之法也武王庚戌柴望之後然後三王也蓋告於天而王之也若私為父立謚在天子為蔑天道在諸為乱王章而亦非所以尊其父矣

○居喪未葬讀喪禮既葬讀祭禮喪復常讀樂章

鄭氏曰為禮各於其時孔氏曰喪禮謂朝夕奠及葬等事祭禮虞卒哭祔小祥大祥之禮復常大祥除服之後樂章樂書之篇章謂詩也禫而後吉祭禫後宜讀之愚謂凶事不豫習故喪之禮至居喪乃讀之古人以弦誦為常除喪則反其所業也

居喪不言樂祭事不言凶公庭不言婦女

鄭氏曰非其時也馬氏晞孟曰小功之喪議而不及樂況大於

此而可言樂乎周官蜡氏凡大祭祀禁凶服祭義郊之祭喪者不敢哭又況祭祀可言凶乎内言不出外言不入欲無相瀆而已況公庭可言婦女乎

援義疏誅

○振書端書於君前有誅倒筴側龜於君前有誅 釋文倒多老反

援防行

鄭氏曰臣不豫事不敬也振去塵也端正也倒顛倒也側反側也皆謂甫省視之孔氏曰書簿領也文書龜筴不豫整理今於君前始正之皆有誅責也方氏慤曰此非大過而皆有誅蓋以羣臣之衆而奉一人不可不謹也抑所以防其漸與

龜筴几杖席蓋重素袗絺綌不入公門 釋文重直龍反

鄭氏曰龜筴嫌問國家吉凶几杖嫌自長老席蓋載喪車記曰士輤葦席以為屋蒲席以為裳帷重素衣裳皆素喪服也袗单也孔子曰當暑袗絺綌必表而出之孔氏曰[illegible]臣之龜

策也愚謂大夫七十而致事若不得謝則君賜之几杖未受賜者不得以几杖入朝也席坐席也朝内卿大夫視事之室蓋有君所常設之席故不可持席以入嫌其自表異也蓋以飾以表尊朝位在庭雨則廢持蓋嫌其表尊也鄭謂席蓋為喪非也果爾則當言車不當但舉其席蓋也素白色繒也重素素冠素衣素裳司服所謂素服遭災変之所服也絺綌褻衣其上宜有中衣與禮衣焉所謂必表而出之也袗絺綌則不敬矣

苞屨扱衽厭冠不入公門釋文苞白表反扱初洽反厭於涉反○鄭註苞或為菲

鄭氏曰此皆凶服也苞藨也齊衰藨蒯之菲也問喪曰親始死扱上衽喪冠厭服孔氏曰苞屨謂藨蒯之草為屨杖齊衰之屨也故喪服杖齊衰章云疏屨者藨蒯之菲也此云苞屨不入公門服問云唯公門有稅齊衰註云不杖齊衰也於公門有免齊

衰則大功有免經也如鄭此言五服入公門與否各有差降熊氏之云父之喪唯扱上衽不入公門冠經衰屨皆得入也杖齊衰則屨不得入不杖齊衰衰又不得入其大功經又不得入其小功以下冠又不得入此厭冠者謂小功以下之冠故云不入公門凡喪冠皆厭大功以上厭冠宜得入公門也愚謂未殯之前主人非君命不出大門而云扱衽不入公門者謂臣有死於公宮若叔弓於禘祭涖事而卒者則其子不以扱衽入也三年之喪雖權制亦必卒哭乃服金革之事未卒哭以前無以冠經衰麤入公門之禮苞屨不入公門蓋謂為妻杖期之服若為母杖、、卒哭變服之前亦無入公門之禮也厭伏也喪冠謂之厭計以其無武而其狀卑伏也雜記曰委武元縞而後蕤冒本卜至大祥冠始有武也服問曰雖朝于君無免經惟公門有脫齊衰則

脫閩作稅

在字疑衍

齊衰之喪入公門者自身以下之服悉变之惟其在無首者自若也厭冠不入則必并首絰去之矣其為大功以下者與

書方衰凶器不以告不入公門

鄭氏曰此謂喪在内不得不入當先告君耳方版也士喪禮篇曰書賵於方若九若七若五凶器明器也孔氏曰書謂條録送死者物件数目如今死人移書也百字以上用方版書之故曰書方愚謂此謂有死於宫中而君所不主其喪者故此諸事須告君乃入也

○公事不私議

鄭氏曰嫌若姦也愚謂此所以杜専擅之端冉有與季氏議政於私室孔子非之

○君子將營宫室宗廟為先廏庫為次居室為後 釋文廏九又反

鄭氏曰重先祖及國之用愚謂君子謂諸侯也廐養馬者庫藏財物者宗廟所以奉先祖故為先廐庫所以資國用故為次居室所以安身故為後綿之詩曰縮版以載作廟翼翼此宗廟為先也又曰乃立皐門皐門有伉天子之皐門於諸侯為庫門此廐庫為次也又曰乃立應門應門將將王之正門曰應門其内乃為寢室是居室為後也

凡家造祭器為先犧賦為次養器為後釋文造才早反一本作凡家造器器衍字犧許宜反養羊尚反一如字

鄭氏曰大夫稱家謂家始造事犧賦以賦出牲孔氏曰祭器為先者尊崇祖禰也犧賦為次者諸侯大夫少牢此云犧謂牛也是天子之大夫祭祀歛賦邑民令出牲牢故曰犧賦養器供養人之飲食器也自贍為私宜後造諸侯言宗廟大夫言祭器諸侯言廐庫居室大夫言犧賦養器互言也愚謂月令季冬命大

列據月令文

川據月令

史次諸侯之外賦之犧牲以共皇天上帝社稷之饗命同姓之邦共寢廟之芻豢命宰歷卿大夫至于庶民土田之數而賦犧牲以共山林名山之祀大夫有采地其祭祀之犧牲亦令民供之故曰犧賦士祭以特牲大夫祭以少牢此言犧賦則用大牢矣左傳鄭子張黜官薄祭祭以特羊殷以少牢然則大夫之殷祭固以大牢與殷祭者謂有大事省于其君干祫及其高祖也

無田祿者不設祭器有田祿者先為祭服

鄭氏曰祭器可假服宜自有孔氏曰大夫及士有田祿者乃得造器猶不具唯天子大夫四命以上者得備具若諸侯大夫非四命無田祿則不得造故禮運云大夫聲樂皆具祭器不假非禮也有田祿者雖得造器而先為祭服後為祭器緣人形參差衣服有大小不可假借而祭器之品量同官同可以暫假也愚

謂田祿者大夫士各有采地無采地者其祿亦皆出於公田之所入疏以田祿專為采地非也王制大夫士有田則無祭田則薦若必采地乃謂之有田則士之得祭者寡矣孟子曰士之失位猶諸侯之失國家也惟士無田則亦不祭是知凡仕者即為有田不必待賜采地也不設祭器者無田祿則力不能設祭器且薦之需器少可以假而有也

君子雖貧不粥祭器雖寒不衣祭服為宮室不斬於丘木釋文粥音育衣於既反

鄭氏曰廣敬鬼神也粥賣也丘壟也

大夫士去國祭器不踰竟大夫寓祭器於大夫士寓祭器於士釋文去國祭器不踰竟音境下同一本作大夫士去國下去國踰竟亦然

覲蓋據疏訂

鄭氏曰此用君祿所作取以出竟恐辱親也寓寄也與得用者言寄覲已復還孔氏曰物不被用則生蟲蠹故寓於同官令彼

得用不致敗壞留還復用大夫士皆然也愚謂此寓祭器有三義一使人得資其用二令器不朽蠹三令還得復取之也

大夫士去國踰竟為壇位鄉國而哭素衣素裳素冠徹緣鞮屨素簚乘髦馬不蚤鬋不祭食不說人以無罪婦人不當御三月而復服

釋文 壇徐音善鄉許亮反緣說絹反鞮都兮反又徒兮反簚本又作幭莫歷反髦音毛蚤依注音爪鬋子淺反○鄭註簚或為幕

鄭氏曰言以喪禮自處也臣無君猶無天也壇位除地為位也徹猶去也鞮屨無絇之菲也簚覆笭也髦馬不鬄落也蚤讀為爪鬋鬋鬢也不自說於人以無罪嫌惡其君也御接見也三月一時天氣变可以遂去也孔氏曰此大夫士三諫不從出在竟上大夫則待放三年聽於君命若予環則還予玦便去若士則不待放臨去皆行此禮也壇者除地不為壇也去父母之邦有桑梓之戀故為壇位鄉國而哭衣裳冠皆素為凶飾也緣中衣

緣也素服裹亦有中衣若吉時中衣用采緣此既凶喪故徹緣而純素屨以絇為飾士冠禮云玄冠黑屨青絇博寸鄭云絇之言拘也古屨以物繫之為行戒故用繒一寸屈之為絇著屨頭以受穿貫今凶故無絇也素白狗皮也幭車覆闌也禮人君羔幦虎犆大夫鹿幦豹犆今此喪禮故用白狗皮也既夕禮云主人乘惡車白狗幦是也吉則翦剔馬毛為飾凶則無飾不翦而乘之蚤治手足爪也鬋剔治鬚鬢也吉則治鬋為飾凶故不鬋也不祭食者食盛饌則祭食之先喪凶故不祭也不說人以無罪者善則稱君過則稱己今雖放逐猶不得向人說己無罪也吉時婦人以次侍御今喪禮自貶故不也自貶三月然後事事反還如吉禮而遂去也三月為一時天氣一變則人情亦宜易也呂氏大臨曰士大夫去國喪其位也大夫士喪位猶諸侯之失

竟踰並誤倒

按白屨以魁柎之士冠禮文疑記為禮之誤柎當從木旁付

國家去其墳墓捐其宗廟無禄以祭故必以喪禮處之馬氏晞孟曰士虞禮曰既祔則沐浴櫛搔翦則不蚤翦者未祔之禮也愚謂竟踰乃行此禮者未竟踰猶冀君之反之也壇與墠通除地也位張帷為哭位也左傳魯公孫歸生奔齊墠帷復命於介鄉國而哭者哀離其父母之邦也素白繒也衣裳及冠皆以白繒為之周禮司服大荒大札大裁則素服謂此服也緣中衣之緣徹之者為采色之華美也鞮屨草屨也士冠記曰白屨捬之以魁鞮屨蓋不捬者故以其質名之素鞿者白狗皮為鞿而素繒緣之也王之喪車木車犬複疏飾素車犬複素飾是犬鞿有不用素緣者故言其緣以別之盛饌則祭不祭食則疏食菜羹而已○王氏安石曰孔氏云大夫三年待放竟上士不待放恐無此禮孔子屢仕屢去豈常待放之禮乎或者古之大夫有得罪被

放於竟上三年而後聽其去者乎故季孫請囚於費以待察春秋有放大夫之文蓋緣此禮也又三諫不從則去亦不可必以為常要之三諫不從而不能去則苟祿者也如孔子去國乃未嘗一諫也且待放得環則還是以待放要君耳三諫不從以為不合則可以去雖有庶幾其君或改之心如孟子三宿然後出晝可也何待三年愚謂大夫待放之説出於公羊然春秋二百四十年間大夫之去國者多矣未聞有待放三年而後去者孔子去魯曰遲遲吾行也孟子去齊三宿而後出晝以道去君者宜無如孔孟亦未聞其待放三年而後去也孟子之告齊宣王曰諫行言聽膏澤下於民有故而去則君使人導之出疆去三年不反然後收其田里古之去國者其君臣相與有禮不過如此則其去固不俟三年而必無待放竟上賜環則反賜玦則去之事矣

○大夫士見於國君，君若勞之，則還辟，再拜稽首；君若迎拜，則還辟，不敢答拜。釋文：勞，力報反。辟，婢亦反。

大夫士見於國君，及下文大夫見於國君、士見於大夫，皆謂大夫士私行出疆，或去己國而適他國，而見於其君與其大夫者也。左傳：楚公子棄疾如晉，過鄭，鄭伯勞諸祖，辭不敢見，固請見之，見如見王。此雖奉命出聘，而其見鄭伯非君命，亦當用此禮也。勞之，謂慰其道路之勤勞也。還辟者，逡遁不敢當也。再拜稽首者，答君之意也。迎拜者，迎之而拜其辱也。還辟不敢答拜者，不敢亢賓主之禮也。公食大夫禮：公迎賓，再拜，賓亦再拜稽首者，聘賓奉主君之命，與此私自見國君者不同也。言君若勞之、君若迎拜，則君蓋有不勞之、不迎拜者矣，亦以其私見國君，故禮之隆殺無定也。○鄭氏曰：勞之，謂見君既拜矣而後見勞也。

聘禮曰君勞使者及介君皆答拜迎拜謂君迎而先拜之聘禮曰大夫入門再拜君拜其辱案聘禮云大夫納賓賓入門左公再拜此註云大夫入門再拜蓋文有誤脱孔氏曰此謂大夫士出聘他國之禮聘禮行聘享及私覿訖賓出主君送至大門内主君問聘君問大夫竟乃云公勞賓賓再拜稽首勞介介再拜稽首即此大夫出聘他國君勞之是也迎拜謂聘賓初至主國大門外主君迎而拜之案聘禮主君迎賓於大門内此疏云大門外蓋亦傳寫之誤愚謂註言君勞使介此聘禮反命而君勞之之事也疏言君勞賓介此聘禮私覿之後賓出至大門内而主君勞之之事也是勞之而再拜稽首於己國及他國之君皆有此禮矣然君於其臣不迎拜此云君若迎拜則非見己君聘禮主君迎拜乃一定之禮此云君若迎拜則固有不迎拜者矣且聘禮乃為君奉使不可云見於國君以是知此所言乃私見之禮而非聘禮也

大夫士相見雖貴賤不敵主人敬客則先拜客客敬主人則先拜主人

鄭氏曰尊賢也愚謂士相見禮主人皆先拜客而此乃有客先拜主人者以下文同國始相見覿之則此謂尋常相見而非始相見者也始相見者主人必先拜辱非始相見則無拜辱之禮故惟所敬者則先拜之特牲禮主人宿尸尸出門左主人再拜尸答拜少牢禮宿尸主人再拜稽首尸拜許諾此時主人来在尸家而先拜尸即客先拜主人之事也

凡非弔喪非見國君無不答拜者釋文見賢遍反下士見大夫見同

鄭氏曰禮尚往来喪賓不答拜不自賓客也國君見士不答其拜士賤孔氏曰凡拜而不答拜者惟有弔喪與士見已君耳弔賓為助執喪事非行賓主之禮故主人雖拜已不答也士見已君君尊不答聘禮士介四人君皆答拜者以其為他國之士故也

大夫見於國君，國君拜其辱；士見於大夫，大夫拜其辱；同國始相見，主人拜其辱。

鄭氏曰：自外来而拜，拜見也；自内来而拜，拜辱也。愚謂此皆謂始相見者也。見於國君、見於大夫之説已見於上。拜其辱者，拜其自屈辱至此，即上文云君若迎拜是也。君於己臣不拜辱。士相見禮曰：大夫士則奠贄再拜，君答壹拜。同國始相見，謂士自相見或士見於大夫也。於此言同國，則上言見於國君、見於大夫為異國明矣。○大夫見於國君四句，疏亦以聘禮言之。然大夫奉命出聘，既不可謂見於國君，且士見於大夫，大夫拜其辱，聘禮初無其事。賓問卿，大夫出迎於大門外，再拜，大夫與賓相與行禮，而士不與焉。至衆介私面，則入門奠幣再拜，而大夫不迎拜。然則其非聘禮又可知也。

君於士不答拜也非其臣則答拜之大夫於其臣雖賤必答拜之

鄭氏曰非其臣則答拜不臣人之臣大夫於臣必答拜辟正君

孔氏曰君於己士不答拜然聘禮云聘使還士介四人君旅答拜者敬其奉使而還士相見禮士見國君君答拜者以其初為士敬之也

男女相答拜也釋文一本作不相答拜皇氏云後人加不字耳

鄭氏曰嫌遠嫌不相答拜以明之○自大夫士見於國君至此明尊卑相拜之法

◎國君春田不圍澤大夫不掩羣士不取麛卵釋文麛音迷卵力管反

鄭氏曰生乳之時重傷其類孔氏曰國君諸侯也春時萬物産孕不欲多傷殺故不合圍繞取也羣謂禽獸共聚也羣聚則多不可掩取之麛是鹿子凡獸子亦得通名卵鳥卵也春方乳長

故不得取也方氏慤曰園澤掩羣四時之田所同禁特以春言之者孕乳之時尤所在禁故也馬氏晞孟曰王制天子不合圍諸侯不掩羣諸侯會王田獵之禮也國君不圍澤大夫不掩羣諸侯在國田獵之禮也

○歲凶年穀不登君膳不祭肺馬不食穀馳道不除祭事不縣大夫不食粱士飲酒不樂釋文肺音芳廢反縣音元下同○今按樂字舊如字亦通當音洛

鄭氏曰登成也君大夫士皆為歲凶自貶損憂民也禮食殺牲則祭先有虞氏以首夏后氏以心殷人以肝周人以肺不祭肺則不殺也天子食日少牢朔月大牢諸侯食日特牲朔月少牢除治也不治道為妨民取蔬食也縣樂器鐘磬之屬粱加食也不樂去琴瑟孔氏曰此一節明凶荒人君憂民自貶退禮也歲凶水旱災害也鄭註太史職中数曰歲朔数曰年釋者云年是

據有氣之初歲是舉年中之稱令謂歲既凶荒而年中穀稼不登也膳美食名盛食必祭周人重肺故食先祭肺歲凶饑故不祭肺則不殺牲也年豐則馬食穀令凶年故不食也馳道如今御路君馳走車馬之處不除為不治其草菜也凶年人應各採蔬食若使民治道則廢取蔬食故不除也凶年雖祭而不作樂樂有縣鐘磬因曰縣也大夫食黍稷以粱為加故凶年去之士平常飲酒奏樂令凶年猶許飲酒但不奏樂也君膳不祭肺以下及士飲酒不樂各舉一邊而言其實互而相通君尊舉大者而言大夫士卑舉小者言耳愚謂周禮膳夫大荒則不舉即不祭肺也食以黍稷為正以稻粱為加故公食大夫禮設正饌後乃設稻粱不食粱者去其加也飲酒謂與賓客燕也士與賓客燕得以樂樂賓投壺禮言又重以樂是也於此於周禮大司徒

荒政為弛力眚禮蕃樂之事而廩人所謂食不能人二鬴則詔
王殺邦用者皆自貶以憂民節費以足食也

○君無故玉不去身大夫無故不徹縣士無故不徹琴瑟

鄭氏曰憂樂不相干也故謂災患喪病孔氏曰玉謂佩也徹亦
去也自士以上皆有玉佩言君無故不去玉則知下通於士也
言士不去琴瑟亦上通於君但玉以比德為重故于君明之又
大夫言縣士言琴瑟亦互言耳但縣勝故大夫言之愚謂琴瑟
之樂通乎上下若大夫士樂縣則惟賜樂者乃有之左傳魏絳
始有金石之樂是也賜樂出于特典而不以為常禮雖大夫亦
不必皆有縣故特牲少牢禮無樂若公用事得用樂者則不係乎
賜否故鄉飲鄉射禮皆有樂小胥大夫判縣士特縣據已賜樂
及公事用樂者言之也但大夫位尊賜樂者多故言無故不徹

縣士畢賜樂者少故但言琴瑟也

○士有獻於國君他日君問之曰安取彼再拜稽首而后對

鄭氏曰再拜稽首起敬也呂氏大臨曰君臣上下之交不間於貴賤故雖士亦有獻於君所以達臣子之誠心而不可却也愚謂他日君乃問之者獻時不親見君也安取彼者士祿薄故問其物之所從來恐其致之之難而有所不安亦體羣臣之意也

○大夫私行出疆必請反必有獻士私行出疆必請反必告君勞之則拜問其行拜而后對釋文疆居良反

鄭氏曰必請者臣不敢自專也私行謂以己事也士言告者不必有其獻也告反而已勞則拜拜而后對亦起敬也問行謂道中無恙及所經過也愚謂君勞之以下大夫士之禮皆然○或曰為人臣者無外交而乃有私行出疆者何也曰所謂外交者

謂若衛孫林父善晉大夫晉范鞅私于季孫意如自相交結以行其私者耳若慶弔昏娶之禮通於他邦者輕則遣使重則自行固禮之所未嘗禁也蘧伯玉使人於孔子孔子問人於他邦則束脩之問出竟矣雜記有赴於他國君大夫之禮則赴弔之使出竟矣春秋季友如陳葬原仲士昏禮若異邦則贈丈夫送者以束錦是大夫士有娶於異邦者昏禮必親迎此則又以情與禮之重而自行者也先王之於臣子待之以忠信恤之以情誼而為之臣者亦莫不盡忠以事其上至於姻戚朋友之好或有在他國而與之往来者乃人情之所不可已且與所以忠其君者未嘗相妨豈必欲一切禁絶而後為忠於己哉然則春秋之譏祭伯何也曰人臣私行出疆必其事之不可已者可已而不已則非靖共之義矣此祭伯之所以見譏歟

○國君去其國止之曰奈何去社稷也大夫曰奈何去宗廟也士曰奈何去墳墓也

鄭氏曰皆臣民殷勤之言愚謂國君亦有宗廟墳墓而獨言社稷者重其所受於天子也於大夫言宗廟於士言墳墓互言之也

國君死社稷大夫死衆士死制

鄭氏曰死社稷死其所受於天子春秋傳曰國滅君死之正也死衆死制死其所受於君衆謂軍師制謂君教令所使為之孔氏曰熊氏云上云國君去社稷此云死社稷上云大夫去宗廟士去墳墓此不云大夫死宗廟士死墳墓者宗廟墳墓已私有之為臣事君不可為己私事死祇得死君之師衆與君教令愚謂國君守社稷者也故社稷亡則死之大夫為君帥師衆者也故師衆亡則死之士祇為君守法制者也故法制見奪則死之

子玉敗於城濮而死子反重敗於鄢陵而死可謂能死衆矣齊大史書崔杼之弑虞人違景公之名可謂能死制矣

○君天下曰天子朝諸侯分職授政任功曰予一人釋文分方云反徐扶同反予依字音羊汝反鄭云余予古今字則同音餘

鄭氏曰皆擯者辭也天下謂外及四海也今漢於蠻夷稱天子於王侯稱皇帝覲禮曰伯父寔來余一人嘉之余予古今字愚謂君天下曰天子謂君天下者天下之人稱之曰天子猶君一國者國中之人稱之曰君也孟子曰天子一位又曰君一位是也春秋天子使名伯來錫公命是天子之稱非但施於蠻夷矣職六官之職也所治之事謂之政所著之效謂之功分職授政任功謂分六官之職而授之以政任之以功也朝諸侯者臨外臣之事分職授政任功者治內臣之事予一人天子自稱及擯

社稷 稷注訂

者之辞謙言已亦人中之一人耳猶諸侯之稱孤寡也

踐阼臨祭祀内事曰孝王某外事曰嗣王某

鄭氏曰皆祝辞也天地宗廟（社稷）祭之郊内而曰嗣王至不敢同外内孔氏曰踐履也阼主人階也天子祭祀升階阼吳氏澄曰宗廟所祭者一家之親内神也故曰内事郊社山川之屬天下一國之神郊皆外神郊也故曰外事鄭氏以祭於郊内者為内事祭於郊外為外事非也

臨諸侯畛於鬼神曰有天王某甫釋文畛之忍反甫音父。鄭注畛或為祇

自臨天王至放此双行小注 以下字低半行

鄭氏曰畛致也祝告致於鬼神辞也某甫且字也疏云甫者丈夫美稱云且字者未斥其人且以其美稱配成其事後凡鄭註言且字者放此不名者不視（親）往也周禮大會同過山川則大祝用事焉鬼神謂百辟卿士也孔氏曰天子行過諸侯之國則止於

諸侯之廟而使大祝告鬼神呂氏大臨曰盻猶眭盻之相接與交際之際同義愚謂鬼神謂諸侯國内山川及先代諸侯之有功德者稱字而不稱名者以其神卑且告祭禮簡故也

崩曰天王崩復曰天子復矣

鄭氏曰天王崩史策書辭天子復始死時呼魂辭也不呼名臣不名君也諸侯呼字孔氏曰自天墜下曰崩王者死如從天墜下故曰崩也復招魂復魄也人命終畢精氣離形臣子罔極之至猶望復生故使人升屋北面招呼死者之魂令還復身中故曰復也若漫招呼則無的指故男子呼名婦人呼字令魂識知其名字而還王者不呼名字者一則臣子不可名君二則普天率土王者一人而已故呼天子復則王者必知呼已而反也以例而言則王后死亦呼王后復也

告喪曰天王登假釋文假音遐

鄭氏曰告赴也登升也胡氏銓曰遐遠也竹書紀年帝王皆曰陟陟亦升也吴氏澄曰尊之不敢言其死但言其升陟於遐遠之處猶言其登天也

措之廟立之主曰帝釋文措七故反

鄭氏曰同之天神春秋傳曰凡君卒哭而祔祔而作主孔氏曰措置也王葬後卒哭竟而祔置於廟立主使神依之也主用木方尺或曰尺二寸鄭云周以栗漢主前方後圓五經異義云主狀正方穿中尖〔央〕達四方天子長尺二寸諸侯一尺天神曰帝今號此主同之天神故題稱帝若文帝武帝之類也崔氏靈恩云古者帝王生死同稱今云立主曰帝蓋是為記〔時〕有主入廟稱帝之義記者錄以為法呂氏大臨曰鬼神莫尊於帝以帝名之言其

按五經異義及本疏改

亂據國語改

德足以配天也然考之禮經未見有以帝名者惟易言帝乙亦不知其何帝惟史記載夏殷之王皆以帝名疑夏殷人祔廟稱帝遷据世本當有所考至周人有謚始不名帝愚謂竹書紀年夏天子皆稱帝左傳曰昔帝夷羿亦當夏時國語帝甲禮（亂）商七世而殞周則未聞有是稱也然則立主稱帝為夏殷之（禮）無疑矣

○孔氏曰卒哭明日而立主至小祥作栗主乃埋桑主於祖廟門左埋重處士大夫亦卒哭而祔左傳唯據人君有主者言之故云凡君鄭註祭法云士大夫無主也又檀弓云重主道也鄭注引公羊傳云虞主用桑練主用栗則似虞已有主而左傳云祔而作主二傳不同者說公羊者朝葬日中則作虞主若鄭君以二傳之文雖異其意則同皆是虞祭總了然後作主以作主去虞實近故公羊上係之虞謂之虞主又作主為祔所須故左

氏據祔而言異義云古春秋左氏説既虞然後祔死者於先死者祔而作主謂桒主也期年然後作栗主鄭君不駁明同許意故註檀弓云重既虞而埋之乃後作主是總行虞祭竟乃埋重作主耳下檀弓云虞而立尸有几筵鄭以為人君之禮明虞惟立尸未有主也趙氏汸曰檀弓曰重主道也殷主綴重焉周主重徹焉雜記曰重既虞而則埋之蓋虞為喪祭祔為吉祭喪祭用重吉祭用主重既虞則埋之者喪祭有終也將埋重必預作主重與喪主不並立者神依於一以也於此主之作猶是虞日故謂之虞主以吉祭自祔始故曰祔而作主鄭氏通二傳為一已得之使有朝葬日中作虞主之禮則何氏必援以為説是蓋公羊學者妄言之耳愚謂鄭氏謂大夫士無主先儒多疑之然士虞特牲少牢皆不言有主如大夫士有主則既葬之後作之於何

時設之於何日饋食之時出之於何時設之於何所皆經之所必不得而畧者而今皆無之則其為無主可知也或謂無主則神無所依是不然祭統云鋪筵設同几為依神也大夫士雖無主而士虞禮祝布席于室中東面右几特牲禮祝筵几于室中東面少牢禮司宮筵于奥祝設几于席上右之則神固不速於無所依矣始死未有筵几故立重既葬埋重則以筵几依神但天子諸侯禮隆既有筵几更有主耳然葬還重不入廟門既虞乃作主則天子諸侯虞卒哭之祭亦但以筵几依神也左傳孔悝反祏大夫有主乃亂世僭禮不可據也

天子未除喪曰予小子生名之死亦名之

鄭氏曰予小子謙未敢稱一人春秋傳曰以諸侯之踰年即位亦知天子之踰年即位以天子三年稱王亦知諸侯於其封内

崩字據精義本補
子字據春秋當有

南書作眇

成王之傳之字疑作詩

三年稱子吳氏澄曰春秋景王崩悼王未踰年入於王城不稱天王而稱王猛所謂生名之也死不稱天王而曰王子猛卒所謂死亦名之也愚謂在喪曰予小子除喪曰予一人此天子自稱之辞也康王之誥曰渺渺予末小子在喪之辞也成王之傳曰閔予小子初免喪未欲遽稱予一人讓辞也若史册所書則踰年曰王以春秋於魯君踰年皆書公即位知天子踰年亦書王也若臣民稱之則雖未踰年已曰王以左傳於未踰年之君皆稱公知天子未踰年其臣民已稱曰王也周襄王以魯文公八年崩而春秋於十年書毛伯來求金不稱王使公羊傳遂有三年稱王之説不知毛伯至魯在文九年之春其出使實在文八年之冬頃王立未踰年也未踰年所以不稱天王者以其未即位未成君也人君踰年而即位即位則天子曰天王諸侯曰

此下當別爲一章

從天子至優於鄭双行小注

按注作扶持

公不復名矣不待除喪也春秋昭二十四年天王居於狄泉是也○自君天下曰天子至此明天子稱謂之事

○天子有后有夫人有世婦有嬪有妻有妾釋文嬪音頻

鄭氏曰妻八十一御妻周禮謂之女御以其御序于王之燕寢妾賤者孔氏曰爲治之法刑于寡妻始于家邦終于四海故天子立官先從后妃爲始后後也言其後于天子後天子之妃曰后注云后之言後彼疏引白虎通訓后爲君義優於鄭夫扶也言其扶侍於王婦服也言其進而服事君子以其猶貴故以世言之嬪者婦人之美稱可賓敬也凡后妃以下以次序而上御於王鄭註周禮云凡御見之法月與后妃其象也卑者宜先尊者宜後女御八十一人當九夕世婦二十七人當三夕九嬪九人當一夕三夫人當一夕后當一夕十五日而徧望後反之孔

子云日者天之明月者地之理陰陽契制故月上屬爲天使婦從夫放月紀此孝經援神契文愚謂此言天子之內官也周禮天官有九嬪以下而無三夫人然酒正有后致飲于賓客之禮漿人有夫人致飲於賓客之禮則后之下有夫人明矣內官列職自九嬪以下而不及三夫人猶外官列職自六卿以下而不及三公也周禮九嬪在世婦上此在世婦下者從文便耳其次第則當依周禮妻即周禮之女御謂之妻者蓋諸侯之妃曰夫人尊與三夫人同也大夫之妃曰世婦尊與世婦同也士之妃直迺妻而其尊視女御故女御亦謂之御妻諸侯則謂之諸妻喪大記君之喪夫人世婦諸妻疏食水飲是也夫人之尊視三公嬪視孤卿世婦視大夫妻視士其賤而無爵命者曰妾故不列于周禮左傳鄭文公有賤妾曰燕姞晉語鄭伯嘉造納女工妾三十人

韋昭註妾給使也又鄭語府之童妾未既齔而遺之皆是也○鄭氏所言本於孝經援神契御見之法先儒多疑之然易曰貫魚以宮人寵周禮九嬪各帥其屬而以時御叙於王所内則妾未老必與五日之御則人君後宮進御有序經典有明文非惟緯書言之矣諸侯之御以五日而徧則天子之御以十五日而徧亦其差宜然也此蓋所以防私寵杜專妬泯怨曠廣嗣續乃先王正家之一端豈可以其出於緯書而槩非之乎昏義天子立一后三夫人九嬪二十七世婦八十一御妻而天官於世婦女御不言其數春官世婦每宮卿二人王有六宮則十二人此以三夫人九嬪充之者也下大夫四人則為二十四人此以世婦充之者也中士八人則為四十八人此以女御充之者也則世婦女御固有不必備乎二十七與八十一之數者矣此天官

（元本重以字）

之所以不言其數與

天子建天官先六大曰大宰大宗大史大祝大士大卜典司六典

鄭氏曰典法也此蓋殷時制也周則太宰為天官太宗曰宗伯為春官太史以下屬焉大士以神仕者呂氏大臨曰殷人尊神率民以事神先鬼而後禮大宗以下皆事鬼神奉天時之官故總謂之天官陳氏澔曰六者所掌重於他職故曰先愚謂自此以下至五官致貢曰享言天子之外官也周官無大士鄭氏以大史以下皆春官之屬故以神仕者當之然大宰大宗皆六卿大史大祝大卜皆大夫而以神仕者特中下士恐未可並列而為六大蓋此所言非周制不必以周官之名強求其合也古者以治天道之官為重故少昊紀官首為歷正而堯典一篇獨詳羲和之命此言天子建官先以六大自大宗以下皆為事鬼神

治歷数之職盖猶有古之遺意焉

天子之五官曰司徒司馬司空司士司寇典司五衆

鄭氏曰衆謂羣臣也此亦殷時制也周則司士屬司馬大宰司徒宗伯司馬司寇司空為六官吴氏華曰鄭子言小昊官名曰祝鳩氏司徒也鴡鳩氏司馬也鳲鳩氏司空也爽鳩氏司寇也鶻鳩氏司事也與典禮五官同愚謂吴氏之説是也士事字通詩勿士行枚陟降厥士義皆為事司士即司事也古者掌水土與掌百工之官為二故虞有司空又有共工司事掌百工之事即舜時共工之職也五衆謂五官之屬也○孔氏曰桒甘誓及鄭註三王同有六卿又鄭註大傳夏書云所謂六卿者后稷司徒秩宗司馬作士共工也而不說殷家六卿之名此記所言上非夏法下異周典鄭唯指為殷禮也天官以下殷家六卿大宰

司徒司馬司空司士司寇是也但周家六卿放天地四時而殷以大宰為一卿以象天時司徒以下五卿法于地事天官六官法天之六氣地官五官法地之五行也愚謂舜所命者九官而甘誓云乃召六卿則三代同置六卿明矣此篇所言與周禮不同鄭氏以為殷制然不見六卿之名孔氏謂大宰合五官為六卿或當然也至其所言法象天地之說亦第以意推說别無他據今姑存其說以俟考焉

天子之六府曰司土司木司水司艸司器司貨典司六職

鄭氏曰六府主藏六物之稅者此亦殷時制也周則皆屬司徒司土土均也司木山虞也司水川衡也司艸稻人也司器角人也司貨丱人也呂氏大臨曰農以耕事貢九穀則司土受之山虞以山事貢木材則司木受之澤虞以澤事貢水物則司水受

之圃以樹事貢薪芻疏材則司草受之工以飭材事貢器物則司器受之商以市事貢貨賄則司貨受之周官司土則倉人廩人之職司木則山虞林衡之職司水則澤虞川衡之職司草則委人之職司器司貨則玉府內府之職所入者乃農圃虞衡工商之民所貢故曰典司六職愚謂均人掌地稅之政令稻人掌稼下地及除草萊皆不可以言府器貨之為物甚多而以角人卝人二職當之可乎呂氏之說稍為該括然亦未有見其必然也

天子之六工曰土工金工石工木工獸工草工典制六材

鄭氏曰此亦殷時制也周則皆屬司空土工陶旊也金工築治鳧㮚段桃也石工玉人磬人也木工輪輿弓廬匠車梓也獸工函鮑韗韋裘也惟草工職亡蓋謂作萑葦之器○陳氏祥道曰大宰以下理天道者也司徒以下理人道者也司土以下職地

物者也土工以下飭地材者也

五官致貢曰享

鄭氏曰貢功也享献也致其歲終之功於王謂之献周禮大宰歲終則令百官府各正其治受其會聽其致事而詔王廢置孔氏曰五官則上天子五官司徒以下大宰總攝羣職總受五官之貢故不入其數愚謂不言六府六工者六府六工即五官之屬也言五官則六府六工在其中矣

五官之長曰伯是職方其擯于天子也曰天子之吏天子同姓謂之伯父異姓謂之伯舅自稱於諸侯曰天子之老於外曰公於其國曰君

釋文長丁丈反後皆同擯本又作儐必刃反天子謂之伯父本或有同姓二字○鄭註是或為氏

鄭氏曰五官之長謂為三公者周禮九命作伯職主也是伯分主東西者春秋傳曰自陝以東周公主之自陝以西召公主之

一相處乎内天子之吏擯者辭也春秋傳曰王命委於三吏謂三公也稱之以父與舅親之之辭也外自其私土之外孔氏曰三公加一命為二伯伯長也為内外官之長擯為天子接賓之人也愚謂擯於天子謂介傳辭以告於天子之擯擯者受之以告於天子也凡擯介亦通名其所稱之辞亦同也三公内臣而有擯於天子者蓋王大合諸侯二伯率當方諸侯以見於天子則有擯介以傳辭也天子之老亦擯者之辞也於外曰公謂其國外之人稱之曰公以其本爵若春秋書周公名公是也於其國曰君謂其臣民稱之也○五官之長曰伯是職方則二伯惟三公為之外諸侯無為二伯者雖齊桓晉文亦惟當州之伯而已左傳昭十一年叔向曰单子為王官伯二伯謂之王官伯所謂五官之長曰伯也左傳僖元年凡侯伯分災救患討罪禮也

僖二十八年王命晉侯為侯伯州伯謂之侯伯所謂九州之長於外曰侯也

九州之長入天子之國曰牧天子同姓謂之叔父異姓謂之叔舅於外曰侯於其國曰君釋文牧牧養之牧徐音目

鄭氏曰每一州之中天子選諸侯之賢者以為之牧也周禮曰乃施典于邦國而建其牧牧尊於大國之君而謂之叔父辟二伯也亦以此為尊禮或損之而益謂此類也外自其國之外九州之中曰侯者本爵也孔氏曰天子於每州之中選取賢侯一人加一命為牧牧養也言其養一州之人周禮八命作牧是也伯不云入天子國者伯不出故不言入耳愚謂入天子之國曰牧亦擯者辭也牧在外亦謂謂伯王制二百一十國以為州八州八伯是也其入天子之國則曰牧辟二伯之稱也覲禮大國

謂下當有之字

曰伯父伯舅小邦曰叔父叔舅牧尊于大國而曰叔父叔舅者蓋亦避二伯而因以别異於大國之不為牧者鄭氏謂禮有損之而益是也左傳僖二十八年王稱晉文公為叔父以州牧之稱稱之也昭九年稱晉侯為伯父以大國之稱稱之也於外曰侯者亦依其本爵稱之若春秋書晉侯齊侯是也不言擯於諸侯之辭者文不具也玉藻伯曰天子之力臣此其擯於諸侯之辭與

其在東夷北狄西戎南蠻雖大曰子於内自稱曰不穀於外自稱曰王老

鄭氏曰謂九州之外長也天子亦選其諸侯之賢者以為之子子猶牧也入天子之國曰子天子亦謂之子雖有侯伯之地本爵亦無過子是以同名曰子不穀與民言之謙稱穀善也曰王

老戚遠國也外亦其戎狄之中孔氏曰卑不得稱為牧又不得謂為父舅其本爵子者今朝天子擯辭曰子若本爵是男亦謂為子亦尊異故也不云入天子國及擯者畧可知也愚謂夷狄戎蠻此謂中國之外蠻鎮蕃三服之諸侯爾雅九夷八狄七戎六蠻謂之四海是也每方亦選賢者以為之長雖有大國益地至侯伯而其爵不過子其入天子之國亦即其本爵稱之而無牧伯之號蓋以其遠而畧之也於外自稱謂於其所長諸侯之中擯者所稱之辭也王老言天子長老之臣尊大之號也入王國不得稱牧所以抑之以别於中夏之侯伯在外自稱曰王老又所以尊之以鎮服其戎狄之族類鄭氏謂戚遠國是也

庶方小侯入天子之國曰某人於外曰子自稱曰孤

鄭氏曰謂戎狄子男君也男者於外亦曰男舉尊言之孔氏曰

庶衆也小侯謂四夷之君非為牧者也以其賤故曰衆方也若入王國自稱曰某人若年人介人是也六服之内但舉伯之與牧不顯其餘諸侯九州之外既舉大國之子又舉其餘小國者以六服諸侯下文別更具顯故於此畧之於外曰子此君在其本國外四夷之中自稱依其本爵若男亦稱男也若與其臣民言則曰孤孤者特立無德能也愚謂自稱曰孤自稱於臣民及諸侯皆然四夷之長於外亦曰子不言者以此文互見之也○

自天子有后至此記天子立官并諸侯稱謂之事

卷六

四月十一十二日鏞鳴校過

禮記卷六

曲禮下第二之二

瑞安孫希旦集解

天子當依而立，諸侯北面而見天子，曰覲。天子當宁而立，諸公東面，諸侯西面，曰朝。釋文：依，本又作扆，於豈反。見，賢遍反，下文除相見皆同。覲，其靳反。宁，徐珍呂反，又音儲。

孔氏曰：依狀如屛風，以絳為質，高八尺，東西當户牖之間，繡為斧文，亦曰斧依。故覲禮云「天子設斧依于户牖之間」，鄭註「如今綈素屛風，有繡斧文，所以示威也」。爾雅云「户牖之間謂之依」。天子當依而立，是於秋受覲禮也。天子衮冕在廟，當依前南面而立，不迎賓。諸侯入廟門右，坐奠圭玉而再拜。所以奠圭玉者，卑見于尊，奠贄不授也。擯者命升西階親授，諸侯于是坐取圭玉，升堂，王受玉，是當依而立之時也。王既受玉，諸侯降階，並北面再拜稽首，擯者延之使升成拜，是北面曰覲。所以同北面者，覲遇秋冬陰殺之時其氣質斂故并于一處受之不布散也當宁而立此為春夏受朝時也宁者爾雅云門屏之間謂之宁郭註云人君視朝所宁立處天子受朝于路門外之朝于門外宁立以待諸侯故云當宁而立也王既立宁諸侯次第而進諸公在西諸侯在東而朝王春朝陽生之時其氣文舒而布散故分於兩處受也地道尊右故諸公在西也愚謂覲者諸侯秋見天子之名朝者諸侯春見天子之名依設于廟宁在治朝則覲禮在廟朝禮在朝也覲禮諸侯受次于廟門外同姓西面北上異姓東面北上至入廟北面而覲則無東上西上之文是諸侯雖同受次于廟門外但一一入覲不同時旅見也朝禮諸公東[面]西諸侯西面則旅見矣大宗伯春見曰朝夏見曰宗秋見曰覲冬見曰宗[遇]則四時之朝禮異也鄭氏謂夏宗依朝冬遇依覲今儀禮

按周禮行

惟存覲禮朝遇宗皆亡大約朝禮和覲禮嚴朝禮文覲禮質朝禮盛覲禮簡周制六服諸侯分年朝王大行人甸服歲壹見侯服二歲壹見男服三歲壹見采服四歲壹見衛服五歲壹見要服六歲壹見是也每歲當朝之諸侯雖同在一服之内然道里不能無遠近又或有疾病事故其至不能無後先王則因其至之時以為之禮春則用朝禮夏則宗秋則覲冬則遇蓋放天時之温肅以畧為行禮之別而又因以勉諸侯使疾于朝而不敢怠也○鄭氏曰春朝受摯于朝受享于廟生氣文也秋覲壹受之于廟殺氣質也朝者位于内朝而序進覲者位于廟門外而序入孔氏曰崔氏云諸侯春夏來朝各乘其命車至臯門外陳介天子車在大門内設擯介傳辭訖則乘車出大門外下車若並傳時王但迎公諸侯以下隨之而入更不别迎入至廟門天

升朝

按先生按禮疏六段并朝

為並朝

子服朝服立于路門之外諸侯更易朝服摯執入應門而行禮若熊氏之說朝無迎法惟享有迎諸侯之禮賈氏公彥曰覲禮天子不下堂而見諸侯春秋受摯在朝亦無迎法至朝後行三享在廟天子出迎愚謂儀禮覲禮受摯受享皆在廟此云當依而立與儀禮合至朝禮此云當宁而立則在朝也大行人言廟中將幣三享則在廟也故鄭氏謂受摯于朝受享于廟欲以兩通其說然司儀言諸侯相朝廟中將奠(幣)燕談朝享不應大行人之廟中將奠(幣)乃專指受享也且受摯之禮重于受享何以大行人言受享而反畧受摯耶且禮以廟受為隆何以受享于廟而受摯反在朝耶覲禮王不迎諸侯而大行人有王迎諸侯賓主朝位之法先儒以為春夏之朝異于秋冬者也然如崔氏之說則王先迎賓而後行朝禮如熊氏賈氏之說則先行朝禮然後

講賓主之禮迎入廟而受享禮經散逸先儒各以意説令姑並録以俟考焉○此言諸侯見天子之禮也

諸侯未及期相見曰遇相見于郤地曰會諸侯使大夫問於諸侯曰聘約信曰誓涖牲曰盟釋文郤卯逆反涖音利徐力二反又音類盟音明徐亡幸反

鄭氏曰及至也郤閒也涖臨也坎用牲臨而讀其盟書聘禮今存遇會誓盟禮亡誓之辭尚書見有六篇孔氏曰約信曰誓者以其不能自和好故用言辭相約束以為信也盟者殺牲軟〔歃〕血誓於神也天下太平之時則諸侯不得擅相與盟惟天子巡守至方岳之下會畢然後乃與諸侯相盟同好惡奬王室以昭事神訓民事君凡國有疑則盟詛其不信者後至于五霸之道卑于三王有事而會不協而盟盟之為法先鑿地為方坎殺牲於坎上割牲左耳盛以珠槃又取血盛以玉敦用血為盟書成乃

據陳改
據陳改

歃血而讀書知坎血加書者案僖二十五年左傳云坎血加書
又襄二十六年左傳云歃用牲加書是也知用耳者戎右職云
贊牛耳知用左者以馘首者用左耳故也知珠槃玉敦者戎右職
云以玉敦辟盟又玉府云則共珠槃玉敦知口歃血者隱七年
左傳陳五父及鄭陳伯盟歃如忘又襄九年云新與楚盟口血未
乾是也呂氏大臨曰會遇聘問誓盟皆諸侯之禮也會禮詳而
遇禮畧期而相見曰會日有期地有所也卻地竟上之地也時
緩則禮宜詳也不期而相見曰遇日無期地無所也時遽則禮
宜畧也公羊傳齊景公之唁魯昭公以人為菑以幦為席以鞍
為几以遇禮相見遇禮非皆然也其畧有如此者愚謂以言語
相要結謂之誓殺牲用書而臨之以神謂之盟春秋有胥命殆
所謂約信曰誓與此一節言諸侯相見之禮也

○諸侯見天子曰臣某侯某其與民言自稱曰寡人釋文自謂一本作自稱

臣某侯某謂擯于天子之辭也上言某者其國也下言某者其名也侯者謂其爵為侯者也若伯子男亦各因而稱之玉藻曰諸侯於天子曰某土之守臣某盖當曰某土之守臣某侯某此不曰某土之守玉藻不曰某侯皆文畧耳其為州牧則曰某土之牧臣某侯某四夷之長則曰某屏之臣某子某自稱曰寡人謙言寡德之人也

其在凶服曰適子孤釋文適音的

鄭氏曰凶服謂未除喪孔氏曰適子孤擯者告賓之辭雜記云相者告曰孤某須矣彼文不云適子此不云名皆文不具也稱孤稱名皆謂父死未葬之前也故雜記云孤某須矣下云既葬蒲席明孤某是未葬也愚謂適子孤諸侯未除喪稱于諸侯之

辭左傳晉平公既葬諸侯之大夫欲見新君叔向辭曰孤斬然在衰絰之中是既葬之稱猶然也

臨祭祀內事曰孝子某侯某外事曰曾孫某侯某

鄭氏曰稱國者遠辟天子愚謂此皆祝辭所稱也曰孝子者謂祭禰廟也曾重也曰曾孫者言己乃始祖之重孫上本其得國之始而言武成曰惟有道曾孫周王發是也此雖為祭外神之稱其實內事自曾祖以上亦曰曾孫言於所祭者為重孫也郊特牲曰稱曾孫某謂國家也是也若祭祖則曰孝孫

死曰薨復曰某甫復矣

鄭氏曰曰薨亦史書策辭某甫且字孔氏曰若告于諸侯則辭當謙退故雜記曰赴于諸侯曰寡君不祿天子復曰天子諸侯不可云諸侯復故呼其字言某甫呂氏大臨曰復稱字與大夫

言謚者序其行及謚所宜
使大夫行象聘問之礼也
祖大孔並亡上並塞句
上季板疏除此四語

士異臣不名君也不稱爵與天子異有所降也

既葬見天子曰類見言謚曰類

鄭氏曰既葬見天子代父受國也類猶衆也類見執皮帛衆諸侯之禮行也其禮並亡孔氏曰準春秋之義諸侯薨而嗣子即位凡有三時一是始喪即適子之位二是踰年正月即一國正君臣之位三是除喪而見於天子天子命之嗣列為諸侯之位是三年除喪之後乃見而今云既葬者謂天子巡守至竟故得見天子未葬未正君位雖巡守亦不見也言謚謂將葬就君請謚也未葬之前親使人請之於天子若檀弓云其子戌請謚於君是也曰類言類相聘而行此禮也愚謂凡禮之象正禮而行者皆曰類故祭禮有類朝聘之禮亦有類類見衆諸侯見於天子之禮也言謚曰類衆諸侯使大夫聘於天子之禮也蓋未受

未下當有可

王命不敢自居於諸侯之禮故其朝聘于天子皆曰類言依於諸侯之禮而為之爾○陳氏祥道曰在喪朝王其禮蓋下於先君以皮帛繼子男以周禮典命推之可知也其服蓋吉服特不免絰而已以書之顧命天子麻冕及記之服問推之可知也愚謂麻不加於采陳氏謂類見用吉服而不免絰恐未必然諸侯始見於王與諸臣在國見君禮自不同未以見於君無免絰之禮決之也

諸侯使人使於諸侯使者自稱曰寡君之老釋文使於使者並色吏反

鄭氏曰繫於君以為尊也此謂諸侯之卿愚謂此謂擯於諸侯之辭也天子之三公繫于天子言之曰天子之老諸侯之卿繫於其君言之曰寡君之老皆所以表其尊○自諸侯見天子至此明諸侯及其臣稱謂之法

○天子穆穆，諸侯皇皇，大夫濟濟，士蹌蹌，庶人僬僬。釋文：濟，子禮反。蹌，本又作鶬，或作鏘，同士良反。僬，子妙反。

鄭氏曰：皆行容止之貌也。聘禮曰：賓入門皇。又曰：皇且行。又曰：象介北面鏘焉。凡行容，尊者體盤，卑者體蹙。孔氏曰：天子尊貴，故穆穆威儀多也。諸侯皇皇，莊盛不及穆穆也。大夫濟濟，徐行有節，不得莊盛也。士蹌蹌，容貌舒揚，不得濟濟也。僬僬，卑盡之貌。庶人卑賤，都無容儀，並自直行而已。愚謂穆穆，深遠貌。皇皇，顯盛貌。濟濟，齊一貌。蹌蹌，舒揚貌。僬僬，急促貌。皇皇之易見，不如穆穆之難窮；濟濟之歛飭，不如皇皇之輝光；蹌蹌之軒舉，不如濟濟之安祥。士相見禮曰：庶人見于君，不為容，進退走。僬僬即不為容是也。

○天子之妃曰后，諸侯曰夫人，大夫曰孺人，士曰婦人，庶人曰妻。釋文：妃，芳

非反孺而樹反

鄭氏曰后之言後也夫之言扶孺之言屬婦之言服妻之言齊孔氏曰妃邦君之合配王諸侯以下通有妃稱故特牲少牢禮大夫士之禮皆曰某妃配某氏尊卑通稱也白虎通曰后君也明配至尊為海内小君故配王言之而曰后也夫人之名惟諸侯得稱論語云邦君之妻邦人稱之曰君夫人是也爾雅云孺屬也與人為親屬婦之言服服事其夫也妻之言齊也庶人賤無別稱判合齊體而已○呂氏大臨曰喪大記大夫曰世婦士曰妻未聞有婦人孺人之號或古有之考之經傳未之有也

公侯有夫人有世婦有妻有妾

鄭氏曰貶於天子無后與嬪去上中孔氏曰獨言公侯舉其上者餘從可知也既下於天子不得立后故但得以一人正者為

謂妻當作諸妻

夫人有世婦者謂夫人之姪娣故公侯之夫人無子立姪娣子也左氏以夫人姪娣貴於二媵則此世婦謂夫人姪娣其數二人有妻者謂二媵及姪娣也凡六人有妾者謂六人之外別有其妾上文天子八十一御妻之外更有妾故知此妾不在九女之數也愚謂諸侯之適妻曰夫人其尊與天子之夫人同也其次妻曰世婦與天子之世婦同也又其次曰妻喪大記謂之謂妻與天子之御妻同也其賤者曰妾諸侯一娶九女娶一國則二國往媵之以姪娣從公羊家之說謂左右媵貴於諸妾則世婦當為二媵而其餘為妻也左氏家之說謂夫人之姪娣貴於二媵則世婦當為夫人之姪娣而其餘為妻也

夫人自稱于天子曰老婦自稱于諸侯曰寡小君自稱于其君曰小童自世婦以下自稱曰婢子子於父母則自名也釋文童本或作僮

鄭氏曰自稱于天子謂畿内諸侯之夫人助祭若時事見自稱于諸侯謂饗來朝諸侯之時小童若云未成人也婢之之卑也於其君稱此以接見禮敵嫌其當孔氏曰此夫人謂畿内諸侯之妻也助祭若獻繭之屬得接見天子故得自稱言老而服事也畿外諸侯夫人無見天子之禮小童未成人之稱自謙自言無知也婢之為言卑晋懷嬴曰寡君使婢子侍執巾櫛是也愚謂外命婦助祭獻繭皆無擯於天子之事夫人自稱於天子此謂王之姑姊妹或姑娣妹之女嫁於諸侯或歸寧或使大夫寧於王或王有喪而使人來弔則有辭以接于天子也注疏專指為畿内諸侯夫人非是婦者對舅姑之稱臣子一例故夫人於天子與其自稱於舅姑者同也諸侯謂他邦之君也諸侯相朝夫人有郊勞致饔之禮而諸侯之内宗出嫁者于其國又當有

娣當作姊

弔問之事故有擯于諸侯之辭臣子稱其君為君故稱其夫人曰小君曰寡亦謙辭婢子為世婦自稱之辭而左傳秦穆公夫人自稱曰婢子蓋自貶而從世婦之稱也老婦寡小君擯者辭也小童婢子蓋言而自稱之辭子於父母則自名者言天子諸侯之女嫁為諸侯夫人則于其父母稱名不用老婦寡小君之稱也論語曰邦君之妻君稱之曰夫人夫人自稱曰小童邦人稱之曰君夫人稱諸異邦曰寡小君異邦人稱之亦曰君夫人

○列國之大夫入天子之國曰某士自稱曰陪臣某於外曰子於其國曰寡君之老使者自稱曰某釋文使自稱色吏反本或作使者自稱

鄭氏曰亦謂諸侯之卿也三命以下於天子為士曰某士者如晋韓起聘於周擯者曰晋士起陪重也子有德之稱魯春秋曰齊高子来盟孔氏曰陪重也某名也其君已為王臣已今又為

君之臣故對王曰重耳也若襄二十一年晉欒盈辭于行人曰天子陪臣盈是也使者自稱曰某某亦謂其名也此卿出使他國與其君言則稱名敬異國之君也愚謂某士者擯者之辭也某者其國也陪臣某者言而自稱之辭也某者其名也某士亦當配名稱之文畧耳於外曰子謂他國之人稱之也於其國曰寡君之老謂其國中之人與他國人言稱此卿為寡君之老也

○天子不言出諸侯不生名君子不親惡諸侯失地名滅同姓名

鄭氏曰天子之言出諸侯之生名皆有大惡君子所遠出名以絕之春秋傳曰天王出居于鄭衛侯朔入于衛是也孔氏曰天子不言出者天子以天下為家策書不得言出祇得稱居諸侯不生名者諸侯南面之尊名者質賤之稱諸侯稱爵不稱名君子謂孔子君子不親此惡人故書經若見天子大惡書出以絕

之諸侯大惡書名以絶之案僖二十四年天王出居于鄭公羊云王者無外此其言出何不能乎母也春秋莊六年衛侯朔入于衛公羊云朔何以名絶曷為絶之犯命也謂犯王命此鄭註皆用公羊義也春秋莊十年荆敗蔡師于莘以蔡侯獻舞歸公羊云何以名絶曷為絶之獲也此失地名也僖二十五年衛侯燬滅邢公羊云何以名絶曷為絶之滅同姓也此滅同姓名也

○胡氏銓曰春秋晉滅虞虢齊滅紀楚滅夔皆滅同姓而不名則衛侯燬之名非因滅同姓朱子曰諸侯滅國未嘗書名經文只隔夏四月癸酉便書衛燬卒疑傳寫之誤愚謂作記者是傳公羊之學故其言如此然其義未必皆確胡氏朱子之所疑者亦足以發其墨守也

○為人臣之禮不顯諫三諫而不聽則逃之

鄭氏曰不顯諫為奪美也顯明也謂明言其君之惡不幾微逃去也君臣有義則合無義則離孔氏曰莊二十四年曹羈出奔陳公羊傳云戎將侵曹曹羈諫曰戎衆以無義君請勿自敵也曹伯曰不可三諫不聽遂去之何休云諫有五一曰諷諫二曰順諫三曰直諫四曰爭諫五曰戇諫凡諫諫諷為上戇諫為下事君雖當諫爭亦當依微納進善言不得顯言君惡以奪君之美也君臣有義則合若三諫不聽則待放而去也愚謂此亦據公羊傳為言君臣以義合諫不行言不聽則不可以尸位而苟祿也然事有大小勢有緩急誼有疏戚位有尊卑任有輕重故為人臣者或從容而諷議或倉卒而奔告或不諫而遂行或至死而不去要權乎義之所宜而行其心之所安未可以一律論也

子之事親也三諫而不聽則號泣而隨之釋文號户刀反

鄭氏曰至親無去志在感動之

○君有疾飲藥臣先嘗之親有疾飲藥子先嘗之醫不三世不服其藥

鄭氏曰嘗度其所堪醫不三世不服其藥慎物齊也孔氏曰三世謂其父子相承至三世也又說云三世者一曰黃帝針灸二曰神農本草三曰素女脉訣又云夫子脉訣然鄭謂慎物齊則非謂本草針灸脉訣也愚謂醫者之用藥也其效可以愈病其誤足以殺人故君父飲藥臣子必嘗度其可否而進之醫不三世則於其業或未必精故不服其藥臣子於君父之身無所不不致其謹而於疾則尤所宜慎者也

○儗人必於其倫釋文儗魚起反

鄭氏曰儗猶比也倫猶類也比大夫當為大夫比士當於士不以其類則有所褻方以愚曰禹稷顏回位不同矣孔子俱以為賢

為其道之倫而儗之也夷惠伊尹迹不同矣孟子俱以為聖為其心之倫而儗之也子夏以有若似孔子儗之以貌而不知聖賢之德不倫也公孫丑以管仲比孟子儗之以位而不知王覇之業不同也愚謂倫字鄭氏以位言方氏以道德言兼之乃備

○問天子之年對曰聞之始服衣若干尺矣問國君之年長曰能從宗廟社稷之事矣幼曰未能從宗廟社稷之事也問大夫之子長曰能御矣幼曰未能御也問士之子長曰能典謁矣幼曰未能典謁也問庶人之子長曰能負薪矣幼曰未能負薪也釋文長丁丈反

鄭氏曰天子既不敢言年又不敢斥至尊所能國君以下皆言其能則長幼可知御猶主也書曰越乃御事謂主事者謁請也謂能擯賛出入以事請告也禮四十強而仕五十服官政鄭引此者明大夫士所以不問其身而問其子

孔氏曰古者謂數為若干故儀禮數射云若

國君二字似衍文

干純若如也干求也言事本不定常如此求之也天子諸侯繼世象賢其年不定故問其年大夫五十乃爵故不問其年而問其子人君十五而生子是十五以上為長十五以下為幼大夫子毋長幼當以二十為限也呂氏大臨曰能御則成童以上未能御則未成童也男子十三學樂誦詩舞勺成童舞象十三以上是能正於樂人未十三則未能也二十舞大夏則樂人之事備故曰能從樂人之事也陳氏澔曰若如也未定之辭數始於一而成於十干字從一從十故言若干謂或如一或如十凡數之未定者皆可言顏註食貨志云干箇也謂當如此箇數意亦近之愚謂凡問人之長幼皆不斥言其年者敬也國君古人於年之長幼多以尺度言之周禮鄉大夫國中自七尺以至六十野自六尺以至六十有五皆征之孟子言五尺之童是也於天

子不敢論其能否又不敢斥言其身之長短故言其服衣之度以見之也人生十年曰幼長謂已冠幼謂未冠也御御車也成童而學射御典主也謁告也士有隸子弟恒使之典謁告之事孔子使童子將命或者疑之則典謁乃冠者之事也負薪者庶人之所有事也典謁畢于御負薪畢於典謁

○問國君之富數地以對山澤之所出問大夫之富曰有宰食力祭器衣服不假問士之富以車數對問庶人之富數畜以對釋文數地色主反下數畜同畜許六反

鄭氏曰皆在其所制以多少對宰邑士也食力謂民之賦稅孔氏曰地土地廣狹也山澤所出魚鹽蜃蛤金銀錫石之屬也有宰明有采地食力謂食下民賦稅之力也衣服祭服也祭器衣服不假謂四命大夫也三命大夫祭器造而不備畜謂雞豚之屬閭師云凡民不畜者祭無牲不耕者祭無盛不樹者無椁不

既夕

蠶者不帛不績者不衰故以畜数對不問天子者率土之物莫
非王有天下共見不須問也愚謂士已得造祭器故曰大夫士
去國祭器不踰竟然惟四命之孤乃得備故大宗伯四命受器
大夫之祭器視孤則為少視士則為備禮運言大夫祭器不假
為非禮對孤言之也此言祭器衣服不假對士言之也士喪記
士有乘車道車槀車以車数對謂其富足以備此車也庶人受
田有定制而畜牧多寡不同故数畜以明其富○先王禄以馭
富故有國君之禄則有國君之富有大夫士之禄則有大夫士
之富庶人無禄而有百畝之田則有庶人之富其財足以供其
用其用足以行其禮其禮足以稱其位是以上下各安其分而
無有餘不足之患後世馭富之柄失諸侯王或乘牛車而齊民
田連阡陌於是貧富相耀而兼并争奪之患紛然不可止矣

○天子祭天地，祭四方，祭山川，祭五祀，歲徧。釋文：徧音遍，本亦作遍，下同。

天子一歲祭天有九：冬至祭天，正祭也；孟春祈穀，孟夏大雩，季秋大享，祈報之祭也；立春祭青帝，立夏祭赤帝，季夏祭黃帝，立秋祭白帝，立冬祭黑帝，迎氣之祭也。冬至及祈穀、大雩祭於南郊圜丘，大享於明堂，所祭皆上帝也，周禮大宗伯「以禋祀祀昊天上帝」，詩序「春夏祈穀於上帝」，孝經曰「宗祀文王於明堂以配上帝」是也。迎氣於四郊，所祭者五帝也，周禮小宗伯「兆五帝於四郊」是也。凡言上帝與五帝別，周禮掌次「王旅上帝則張氈案，設皇邸；祀五帝則張大次、小次」，又司服「王之吉服，祀昊天上帝則服大裘而冕，祀五帝亦如之」，此可以見之矣。南郊以后稷配，明堂以文王配，迎氣以五人帝配。祭地，謂夏至祭地於北郊方澤也。其祈報告祭則祭社，社通於諸侯大夫，而北郊非天子不得祭也四方謂五嶽四鎮四瀆之神各因其方而祭之者也周禮大宗伯以玉作六器以禮天地四方公羊傳曰天子有方望之事無所不通是也山川謂嶽瀆之外小山川也大宗伯山林川澤以貍沈祭也小宗伯兆山川丘陵墳衍各曰其方祭法曰山林川谷丘陵能出雲為風雨見怪物皆曰神有天下者事百神五祀謂春祭户夏祭竈季夏祭中霤秋祭門冬祭行也歲徧者謂一歲中祭此諸神皆徧也○楊氏復曰天帝一也以一字言則祀天饗帝之類以二字言則格於皇天殷薦上帝之類以四字言則惟皇上帝皇天上帝之類以氣之所主言則隨方而立名如青帝赤帝黃帝白帝黑帝之類其實則一天也康成分為六天又皆以星象名之謂昊天上帝者北辰也五帝者大微宮五帝坐也夫在天成象在地成形草木非地則星象非天況

又附以緯書如北辰耀魄寶之類尤為不經是以王肅羣儒引經傳以排之然肅以五帝為五人帝則非也夫有天地則有四時五行有四時五行則有五帝帝者氣之主也易所謂帝出乎震是也果以五人帝為五帝則五人帝之前其無司四時者乎天猶性也帝猶心也五帝猶仁義禮智之心隨感而應者也其實則一天也愚謂凡言方者皆謂地祇兆之各以其方者也而所指各不同有指四望言之者此記是也典瑞兩圭有邸以旅四望璋邸射以祀山川大司樂舞大磬以祀四望舞大夏以祭山川皆言四望於山川之上與此言四方於山川之上一也有指五行之神言之者詩以祀以方大司馬仲秋獮田致禽以祀方是也說詳月令有指山林川澤邱陵墳衍言之者小宗伯兆山川邱陵墳衍各以其方祭法四坎壇祭四方是也有指蜡祭言之者郊

周禮小宗伯文

五官之行當作五官之神

徧當作偏

特牲八蜡以記四方大宗伯以疈辜祭四方百物舞師教羽舞帥而舞四方之祭是也鄭氏以此四方為五官之神五官之行即五行之神也此雖亦謂之方然以下諸侯方祀觀之則其義不可通蓋五行為功於人於四方非有所徧主非如嶽瀆之有定在也天子諸侯之國並當兼祀若如鄭氏之説則諸侯之方祀東諸侯專祀木神西諸侯專祀金神矣其可通乎

諸侯方祀祭山川祭五祀歲徧大夫祭五祀歲徧士祭其先

方祀謂祭四望之在其方者若魯祭泰山晋祭河是也山川境内小山川也大夫士皆得祭五祀及其先於大夫言五祀士言祭其先亦互見之也○朱子曰一家之主則一家之鬼神屬焉諸侯守一國則一國之鬼神屬焉天子君天下則天下之鬼神屬焉

凡祭有其廢之莫敢舉也有其舉之莫敢廢也非其所祭而祭之名

曰淫祀淫祀無福

已廢而舉之則瀆若魯立武宮煬宮是也宜舉而廢之則怠王制山川神祇有不舉者為不敬是也非所祭而祭之謂非所當祭之鬼而祭之也淫過也或其神不在祀典如宋襄公祭次雎之社或越分而祭如魯季氏之旅泰山皆淫祀也淫祀本以求福不知淫昏之鬼不能福人而非禮之祭明神不歆也

天子以犧牛諸侯以肥牛大夫以索牛士以羊豕釋文索所百反

鄭氏曰犧純毛也肥養於滌也索求得而用之孔氏曰案國語觀射父云大者牛羊必在滌三月小者犬豕不過十月此大夫索牛士羊豕既不在滌三月當十日以上愚謂犧毛色純也周禮牧人凡時祀之牲必用牷物肥繫於牢而芻之三月也天子言犧諸侯言肥亦互文耳祭義曰君召牛納而視之擇其毛而

祭據牧人文

少牢疑當作大牢

丨ラ一則諸侯之牛未必不犧也索簡擇也襄公二年左傳萊人賂齊侯以索馬牛皆百匹大夫不得用肥牛但臨時簡擇其好者也大夫以索牛士以羊豕疏以為天子之大夫士盖據少牢禮諸侯之大夫不得用大牢特牲禮諸侯之士不得用羊豕也然左傳鄭子張黜官薄祭祭以特羊殷以少牢則諸侯大夫殷祭當以少大牢而士殷祭當以羊豕矣

支子不祭祭必告于宗子

鄭氏曰祭必告於宗子不敢自專謂宗子有故支子當攝而祭者也五宗皆然孔氏曰支子庶子也祖禰廟在適子之家而庶子賤不敢輙祭之也若宗子有疾不堪當祭則庶子代攝可也猶應告於宗子然後祭

○凡祭宗廟之禮牛曰一元大武豕曰剛鬣豚曰腯肥羊曰柔毛雞曰

翰音犬曰羹獻雉曰疏趾兔曰明視脯曰尹祭槀魚曰商祭鮮魚曰脡祭水曰清滌酒曰清酌黍曰薌合粱曰薌萁稷曰明粢稻曰嘉蔬韭曰豐本鹽曰鹹鹺玉曰嘉玉幣曰量幣釋文大武如字一音泰䰗力輒反豚徒門反腯徒忽反本亦作豚翰戶旦反羹古衡反徐又音衡槀苦老反鮮音仙脡他頂反徐唐頂反薌音香合如字或音閤萁字又作萁同音姬王音期時也稷曰明粢粢音咨一本作明粢古文無此句蔬本又作疏色魚反韭音久鹹本又作醎音咸鹺才何反量音亮又音良○疏云隋秘書監王劭勘晉宋古本皆無稷曰明粢一句立八疑十二證以為無此句為是今尚書云黍稷非馨詩云我黍與與我黍翼翼為酒為食以享以祀黍稷是五穀之主粢盛之貴黍既別有異號稷何因獨無美名爾雅又以粢為稷此之稷曰明粢正與爾雅相合又士虞禮云明粢溲酒鄭註云或曰明粢當為明視謂兔腊也今文曰明粢粢稷也皆非其次也由曲禮有明粢之文故鄭註儀禮云非其次王劭既背爾雅之說又不見鄭元之言苟信錯書妄生異同改亂經籍深可哀哉按豚曰腯肥鄭引春秋傳作腯則此本作肥豚傳寫誤耳

當作豚三字在双行小注

鄭氏曰號牲物者異於人用也元頭也武迹也腯當作豚亦肥也春秋傳作腯腯充貌也翰長聲也羹献食人之餘也尹正也商猶量也脡直也萁辭也嘉善也稻菰蔬之屬也豐茂也大鹹

元本有也字

曰齸今河東云幣帛也孔氏曰牛肥則脚迹痕大豕肥則毛鬣
剛腯充滿貌也羊肥則毛細而柔弱雞肥則鳴聲長人將所食羹
餘于犬犬食之肥肥則可以獻於鬼神雉肥則兩足開張趾相
去疏兔肥則目開而視明白而牛至兔凡有八物惟牛云一頭而
豕以下不云數者皆從其所用而言數也雞雉為膳及腊則不
數尹正也割裁方正可祭槀乾也乾魚商度燥濕得中而祭之
脡直也魚鮮則煮熟脡直若餒則敗碎不直水元酒也清滌言
其清潔也酒三酒也酌斟酌也清酌言清澈可斟酌穀秫者曰黍
秫既軟而相合氣息又香故曰薌合粱白粱黄粱也稷粟也明
白也爾雅云粢稷也此等諸號若一祭並有則舉其大者牲牢
酒齊而言故少牢禮稱敢用柔毛剛鬣嘉薦普淖是也或唯有
雞犬或唯有魚兔及水酒韭鹽鹽之祭則各舉其美號故此經備

載其名陳氏祥道曰梁曰香萁者非獨味之芳烈其萁梗亦有香氣也愚謂爾雅內謂之羹儀禮云羹定左傳云未嘗君之羹犬肥則肉美而可獻故曰羹獻黍與稷皆今之小米黍之性黏故曰薌合稷之色白故曰明粢明潔白也其莖也漢書曰荅而為萁粱之莖獨高大於他穀今俗謂之高粱以其氣息香而莖高大故曰薌萁量幣者言幣之長短廣狹合制度也內宰註引逸巡守禮云制幣丈八尺純四䎙酒曰清酌而士虞記曰溲酒所傳異也

○天子死曰崩諸侯曰薨大夫曰卒士曰不祿庶人曰死

鄭氏曰異死名者為人褻其無知若猶不同然也自上顛壞曰崩薨顛壞之聲卒終也不祿不終其祿死之言澌也精神澌盡也尸陳也言形體陳也柩之言究也孔氏曰崩者墜壞之名譬

老天形墜壓然則四海必覩王者登遐率土咸知故曰崩薨者崩之餘聲也諸侯卑死不得效崩之形但如崩後餘聲劣于形壓也卒畢竟也大夫是有德之位畢了生平故曰卒士祿以代耕而今遂死是不終其祿死者澌也澌是消盡無餘之目庶人極賤生無令譽死絶餘芳精氣一去身名俱盡故曰死

在牀曰尸在棺曰柩釋文柩音舊

鄭氏曰尸陳也言形體在也柩之言究也孔氏曰死未殯斂陳列在牀故曰尸白虎通云此失氣亡神形體獨陳是也柩究也三日不生斂之於柩死事究竟於此

羽鳥曰降四足曰漬釋文降戶江反又音絳漬辝賜反

鄭氏曰異於人也降落也漬謂相瀸汙而死孔氏曰羽鳥飛翔之物降落是死也牛馬之屬若一箇死則其餘更相染漬而死

死寇曰兵

鄭氏曰異于凡人當饗祿其後孔氏曰兵者器仗之名呂氏大臨曰兵者死於寇難之稱有兵死而可褒者如童汪踦能執干戈以衛社稷勇于死難者也有兵死而可貶者如冢人言凡死於兵者不入兆域是也愚謂死寇曰兵言其為器仗所傷而死異於疾病而死者也此但以為死之異名至饗祿其後與否則自當論其事之何如未可一槩言也

祭王父曰皇祖考王母曰皇祖妣父曰皇考母曰皇妣夫曰皇辟釋文妣必履反辟婢亦反徐扶亦反

鄭氏曰更設稱號尊神異于人也皇君也考成也言其德行之成也妣之言比也比于考也辟法也妻所取法也孔氏曰王父祖父也王母祖母也夫是妻所取法如君

北本注作媲

生曰父曰母曰妻死曰考曰妣曰嬪

鄭氏曰嬪婦人有法度之稱也周禮九嬪掌婦學之法教女御婦德婦言婦容婦功孔氏曰此考妣異稱皆出爾雅文若通而言之亦通也尚書云大傷厥考心又云聰聽祖考之彝訓倉頡篇云考妣延年書云嬪于虞詩云曰嬪于京周禮九嬪之官並非生死異稱矣

壽考曰卒短折曰不禄

鄭氏曰謂有德行任為士大夫而不為者老而死從大夫之稱少而死從士之稱前云大夫曰卒士曰不禄而復言此者記異聞博異語也○自天子死曰崩至此記死者稱謂不同之事

○天子視不上於袷不下於帶國君綏視大夫衡視士視五步釋文上時掌反下同袷音劫綏依註音妥他果反

鄭氏曰袷交領也天子至尊臣視之目不過此視國君彌高綏讀為妥妥視謂上于袷視大夫又彌高衡平也平視謂視面也士視得旁游目五步之中視大夫以上上下游目不得旁孔氏曰執器以心為平故心下為妥此視以面為平故妥下於面則上於袷也愚謂此臣視君尊卑之差也天子視謂視天子也袷中衣之交領也古人以裼為常裼則露中衣之交領故視天子者據之以為節視士者得游目旁視五步之內〔而〕高下則與大夫同也

〔元本有而字〕

凡視上於面則敖下於帶則憂傾則姦釋文敖五報反。鄭註傾或為側

鄭氏曰敖則仰憂則低辟頭旁視心不正也孔氏曰此解所以視有節限之義也視人過高則是敖慢定十五年邾子執玉高其容仰高仰驕也若視過下則似有憂定十五年魯公受玉卑其容俯卑俯替也又昭十一年會于厥貉〔慭〕單子視不登帶是也

傾欹側也視欹側則似有姦惡之意也愚謂士相見禮曰若不言立則視足坐則視膝然則不下于帶蓋言時之視容則然

○君命大夫與士肄在官言官在府言府在庫言庫在朝言朝釋文君命絕句肄本又作隷同以二反

鄭氏曰肄習也君有命大夫則與士展習其事謂欲肄所發為也官謂版圖籍文書之處府謂寶藏貨賄之處庫謂車馬兵甲之處朝謂君臣謀政事之處惟君命所在就展習之也愚謂官謂百官府治事之處玉藻云在官不俟屨是也君命有所為則大夫士必先肄習其事而隨其所在相與謀議蓋慮無後時思不出位然後所治無不精而所謀無不審也

朝言不及犬馬

鄭氏曰非公議也

輟朝而顧不有異事必有異慮故輟朝而顧君子謂之固釋文輟竹劣反

鄭氏曰輟止也輟朝而顧心不正志不在君也固謂不達于禮也吕氏大臨曰非所治者皆異事非所謀者皆異慮二者非姦則野也故君子謂之固固野陋也君子不逆人以姦也

在朝言禮問禮對以禮

鄭氏曰於朝廷言無所不用禮愚謂在朝當言禮故或問或對皆當以禮也或曰在朝當言禮凡問禮者當對以禮亦通

大饗不問卜不饒富

大饗王饗諸侯也大司樂大饗不入牲其他皆如祭祀則大饗之禮樂略與祭祀相倣祭祀必卜日燕大饗亦然故特言其不卜由饗人與事神者不同也左傳臣卜其晝未卜其夜彼是以臣饗君故特卜以重其事非常禮也富備也禮數有常既備矣而

更饒益之則非禮矣左傳饗以訓恭儉郊特牲大饗尚腶脩而已矣則其不饒富可知也○鄭氏曰祭五帝於明堂莫適卜也陳氏祥道曰明堂之享帝宗廟之享先王王饗諸侯兩君相見皆謂之大饗大饗不問卜饗賓之禮也周官大宰祀五帝祀大神示享先王皆前期十日而卜日又大宗伯凡祀大神享大鬼祭大示師執事而卜日春秋書卜牛記曰君召牛納而視之擇其毛而卜之吉又曰明王事天地之神明無非卜筮之用則祭祀無不用卜矣愚謂明堂祭上帝非祭五帝也

○凡摯天子鬯諸侯圭卿羔大夫鴈士雉庶人之摯匹童子委摯而退

釋文摯音至徐之二反又作贄同鬯敕亮反匹依註音木

鄭氏曰摯之言至也天子無客禮以鬯為摯者所以唯用告神為至也童子委摯而退不與成人為禮也說者以匹為鶩孔氏

介據陳及周礼注改

而秬黍為酒其氣芬芳調暢故曰謂為鬯也天子無
以鬯為摯者天子弔臨適諸侯必舍其祖廟以鬯禮於
表天子之至也諸侯圭者謂公侯伯用圭子男用璧以
以相朝聘此唯云圭不云璧者畧可知也卿羔者鄭註宗
伯云羔小羊取其羣而不失類也白虎通云羔取其羣而不黨
周禮云公之孤以皮帛大夫鴈者鄭註宗伯云鴈取其候時而
行白虎通云鴈取飛有行列也士雉者鄭註宗伯云雉取其守
介食而死不失其節也白虎通云雉取其不可誘之以食撓之以
威死不可畜也士摯冬雉夏腒羔鴈生執雉則死特亦取見危
致命也匹鶩也野鴨曰鳧家鴨曰鶩鶩不能飛騰如庶人但守
耕稼而已故鄭註宗伯云鶩取其不飛遷童子見先生或尋朋
友不敢與成人相授受但尊奠其摯於地而退童子之摯悉用

束脩論語自行束脩以上是也凡用牲為摯主人皆食之故司士云掌擯士膳其摯呂氏大臨曰摯用禽者所以致其養也故膳夫之職以摯見者受而膳之司士掌擯士受其摯愚謂摯之言致也見於尊者親致之以為敬也天子無客禮無所用摯而祭祀之初以鬱鬯降神有似用摯之義故以此配而言焉諸侯摯用玉圭所以章德也大宗伯公執桓圭侯執信圭伯執躬圭子執穀璧男執蒲璧此言圭而不及璧者文畧也卿大夫士執用禽者蓋見於尊者以此致孝養之意而畧以其大小為尊卑之差大宗伯又有孤執皮帛工商執鷄此不言者亦文略也皮帛者用麛之皮而飾之以帛也士相見禮上大夫相見以羔左頭如麛執之孤之摯見於此矣麛重不可執故執其皮亦猶雉不可生執而用死之意也雉無飾羔鴈飾之以布麛之皮飾之

以帛尊者彌文也凡以客禮者授摯以臣禮者奠摯童子於先生不敢自居於賓客故具摯亦奠之盖事師之敬與事君同也

野外軍中無摯以纓拾矢可也

鄭氏曰非為禮之處用時物相禮而已纓馬繁纓也拾謂射韝〔鞲〕

孔氏曰軍在野無物故用此為摯可也不直云軍中而云野外者若軍在都邑則宜依舊禮也此舉一隅耳觸類而長之則若土地無正幣則時物皆可也

婦人之摯椇榛脯脩棗栗釋文椇俱羽反榛側巾反字林云仕巾反古本又作亲音壯巾反

鄭氏曰婦人無外事見以羞物也椇榛木名椇枳也有實今邳郯之東食之榛似粟〔栗〕而小孔氏曰婦人無外事惟初嫁見舅姑用此六物為摯也椇即今之白石李也形如珊瑚味甜美脯搏肉無骨而曝之脩取肉服治而加薑桂乾之如脯所以用此六

説見郊特牲元本双行中注

物者椇訓法也榛訓至也脯始也脩治也棗早也栗肅也婦人有法始至脩身早起肅敬也婦見舅以棗栗見姑以腶脩其椇榛所用無文愚謂椇榛六物蓋皆饋食之籩實也説見郊特牲婦人用此為摯亦以致其養之意也蓋羔鴈之屬動物陽也故男子用之椇榛棗栗植物陰也故婦人用之腶脯雖出於牲體然析而乾之則其視全物亦有動靜之異矣故以此配枳棗栗（椇榛）而皆為婦人之摯焉士昏禮婦見舅用棗栗見姑用腶脩而無椇榛左傳女摯不過榛栗腶脩而無椇與棗蓋椇榛棗栗四者隨其人其地之所有而用之以配腶脩也○周禮王於以摯見者皆膳之男摯用禽女摯用棗栗等物蓋皆以可食之物致于尊者以為共養而卿大夫士則以大小為尊卑之别男女則以動靜為陰陽之分制禮之意不過如此先儒謂皆有所取以為

義未免於鑿矣

納女于天子曰備百姓於國君曰備酒漿於大夫曰備埽灑釋文埽悉報反灑所買反又山寄反

鄭氏曰納女猶致女也壻不親迎則女之家遣人致之此其辭也姓之言生也天子皇后以下百二十人廣子姓也酒漿灑埽賤婦人之職呂氏大臨曰不敢以伉儷自期備妾媵之數而已自卑之辭也古者因生以賜姓凡賜姓者皆天子之別子故納女于天子謂之備百姓周官酒人漿人有女酒三十人女漿十有五人呂公納女于高祖曰願為箕埽妾古之遺語也愚謂士昏禮問名主人對辭曰吾子有命且以備數而擇之若天子則其辭曰以備百姓之數而擇之國君則曰備酒漿之數大夫則曰備埽灑之數也

據史記及漢書訂

卷七

十一月廿八廿九日鏘鳴校一過

禮記卷七

檀弓上第三之一　別録屬通論

瑞安孫希旦集解

鄭氏曰名曰檀弓者以其善於禮故著姓名以顯之檀姓弓名今山陽有檀氏孔氏曰檀弓作在六國時仲梁子是六國人此篇載仲梁子故知也愚謂此篇蓋七十子之弟子所作篇首記檀弓事故以檀弓名篇非因其善禮著之也篇中多言喪事可以證士喪禮之所未備而天子諸侯之禮亦畧有考焉然其中多傳聞失實之言亦不可以不知

公儀仲子之喪檀弓免焉仲子舍其孫而立其子檀弓曰何居我未之前聞也趨而就子服伯子於門右曰仲子舍其孫而立其子何也伯子曰仲子亦猶行古之道也昔者文王舍伯邑考而立武王微子舍其孫腯而立衍也夫仲子亦猶行古之道也子游問諸孔子孔子

曰否立孫釋文公儀氏仲子字魯之同姓也其名未聞免音問舍音捨居音姬下同腯徐本作適徒本反又徒遜反衍以善反

鄭氏曰檀弓故為非禮以譏仲子也禮兄弟（朋友）皆在他邦乃袒免仲子所立非也公儀蓋魯同姓周禮適子死立適孫為後居讀讀為姬姓之姬齊魯之間語助也前猶故也檀弓去賓位就主人兄弟之賢者而問之子服伯子蓋仲孫蔑之元孫子服景伯蔑魯大夫伯子為親者諱耳立子非也文王立武王權也微子適子死立其弟衍殷禮也孫（孔）子曰立孫據周禮孔氏曰魯相公儀休此有子服伯子是魯人春秋有公鳥公若公儀同稱公故知公儀仲子魯同姓也愚謂免者鄭註士喪禮謂以布（廣）一寸從項中而前交於額上又卻向後而繞於髻也喪禮既小斂自齊衰以下皆免無服而免者惟同姓五世及朋友皆在他邦者耳檀弓於仲子乃不當免者未知其所以免之意鄭氏謂檀弓以

（按鄭注王宋岳宮本廣字布下）

仲子廢適立庶故為非禮之服以非之蓋以子游之弔司寇惠子者推之然記文上言檀弓免焉下言仲子舍孫立子則似檀弓既弔方見仲子立孫而怪之註説亦未知是否也舍其孫而立其子者仲子適子死舍適孫而立庶子也禮適子死立適孫為後所以重正統也門右門内之東卿大夫弔位之所在士喪禮卿大夫在主人之南是也檀弓魯之士其弔位在西方東面見仲子之子為喪主而拜賓怪其非禮故趨就伯子而問之伯邑考早死無後武王自當立耳微子適子死立其弟行者殷法也伯子不欲斥言仲子之非遷就而為之説非夫子正言以質之則人孰知夫禮之當立孫哉孔氏曰小斂之前主人有事在西階下小斂之後主人位在阼階下西面檀弓之來當在小斂之前初于西階下行譏弔而主人未覺後乃趨向門右問伯子

焉必知小斂前者以仲子初喪即正適庶之位故也未小斂而著免者故為非禮之弔亦異常也然則子游之弔惠子是小斂後也故著衰而在門東愚謂疏說非也小斂前無免法檀弓非當免之人而免即足以示譏矣不待小斂前著免也士之弔位自在門西東面不以小斂前後而異也若謂仲子初喪即正適庶之位故知檀弓弔在小斂前則司寇惠子亦初喪即正適庶者也何害於子游於既小斂而行譏弔乎

○事親有隱而無犯左右就養無方服勤至死致喪三年事君有犯而無隱左右就養有方服勤至死方喪三年事師無犯無隱左右就養無方服勤至死心喪三年釋文左右徐上音佐下音佑養以尚反○今按左右並如字

鄭氏曰方常也子則然無常人勤勞辱之事也致喪戚容稱其服也就養有方不可侵官也方喪資於事父也心喪戚容如喪

隐謂至持之二十二字在方帝上

父而無服也隐謂不稱揚其過失也無犯不犯顔而諫左右謂
扶持之事親以恩為制事君以義為制事師以恩義之間為制
孔氏曰親有尋常之過故無犯若有大悪亦當犯顔故孝經曰
父有爭子則身不陷於不義朱子曰事親者致喪三年情之至
義之盡者也事師者心喪三年其哀如父母而無服情之至而
義有不得盡者也事君者方喪三年其服如父母而情有親疏
此義之至而情或有不至於其盡者也方氏慤曰君親與師相
須而成我之身喪之雖各不同所以盡三年之隆一也愚謂幾
諫謂之隐直諫謂之犯父子主恩犯則恐其責善而傷于恩故
有幾諫而無犯顔君臣主義隐則恐其阿諛而傷於義故必勿
欺也而犯之師者道之所在有教則率有疑則問無所謂隐亦
無所謂犯也就養者近就而奉養之也左右無方言或左或右

喪疑哀

而無定所也致極致喪謂極其哀戚以在喪也曾子曰人未有也
自致者也必也親喪乎

○季武子成寢杜氏之葬在西階之下請合葬焉許之入宮而不敢哭
武子曰合葬非古也自周公以來未之有改也吾許其大而不許其
細何居命之哭釋文葬徐才浪反又如字合如字徐音閤後合葬皆同

鄭氏曰季武子魯公子季友之曾孫季孫夙言合葬非古者自
見夷人冢墓以為寢欲文過愚謂言合葬非古以見不必合葬
辭己所以夷墓之意又言周公以來有合葬之禮辭已合日
許之之意皆文過之辭也然古者葬於國北季武子成寢必在
國中而乃有杜氏之墓亦事之未必然者

按合日○字誤当作今日

按合日疑作今日

○子上之母死而不喪門人問諸子思曰昔者子之先君子喪出母乎
曰然子之不使白也喪之何也子思曰昔者吾先君子無所失道道

隆則從而隆，道汙則從而汙。伋則安能？為伋也妻者，是為白也母；不為伋也妻者，是不為白也母。故孔氏之不喪出母，自子思始也。釋文：喪如字，徐悉浪反，下放此。伋音急。隆，力中反。汙音烏。○今按：汙當音洿，烏瓜反。

鄭氏曰：子上，孔子曾孫，子思伋之子，名白，其母出。禮，為出母期，父卒為父後者不服耳。汙猶殺也。有隆有殺，進退如禮。伋則安能，自予不能及。孔氏不喪出母，自子思始，非之。孔氏曰：案喪服齊衰杖期章，出妻之子為母。又云：出妻之子為父後者則為出母無服。傳云：與尊者為一體，不敢服其私親是也。子思既在，則子上為出母有服，故門人見其不服，疑而問之。子之先君子，謂孔子也。愚謂隆，髙也。汙讀為洿，下也。道之隆汙，謂禮之隆殺。妻當出則出之，是禮宜汙而汙也；出母當服則使其子服之，是禮宜隆而隆也。言隨時隆殺以合理者，惟聖人能之，而已則不能也蓋伯魚之母出而在父室者也子上之母出而已嫁者也喪服惟有母嫁而從者之服而無母嫁不從者之服則出母之嫁者其無服可知矣子思於門人之問不欲斥言而但為遜辭以答之忠厚之道也然其言不為伋也妻則不為白也母則固有微示其意者蓋妻出而未嫁猶有可反之義出而嫁則彼此皆絶矣以其義絶於其夫也故曰不為伋也妻以其義并絶於其子也故曰不為白也母不然以天屬之恩而於禮之宜為服者強奪之而使不服豈所以處其子哉記者不察其實遂謂孔氏不喪出母自子思始其亦誤矣

○孔子曰拜而后稽顙頽乎其順也稽顙而后拜頎乎其至也三年之喪吾從其至者釋文顙素黨反頽徒回反頎音懇

鄭氏曰拜而后稽顙此殷之喪拜也頽順也先拜賓順於事也

稽顙而后拜此周之喪拜也頎至也先觸地無容哀之至重者
尚哀戚自期如殷可孔氏曰拜者主人拜賓稽顙者觸地無容
也頹然不逆之意也拜是（為）拜賓稽顙為已先賓後已頹然而順
序也頎惻隱貌也先觸地無容（拜者）後乃拜賓是為親痛深貌惻隱
之至也知二者是殷周之喪也以孔子所論每以二代相對故
下檀弓云殷人既封而弔周人反哭而弔殷也慤吾從周又云
殷朝而殯於廟周朝而遂葬皆以殷周相對故知此亦殷周相
對也殷之喪拜（自）而斬衰以下緦麻以上皆拜而后稽顙殷尚質
故也周則杖期以上皆先稽顙而后拜不期杖以下乃作殷之
喪拜愚謂拜者以首加手而拜也稽顙者觸地無容也蓋拜所
以禮賓稽顙所以致哀故先拜者於禮為順而先稽顙者於情
為至蓋當時喪拜有此二法而孔子欲從其至者鄭孔以二者

元本有也字

為殷周喪拜之異非也士喪禮禮記每言拜稽顙皆據周禮也則拜而后稽顙非專為殷法明矣○周禮大祝辨九拜一曰稽首先拱兩手至地加首于手又引首至地稽留而後起也二曰頓首如稽首之為但以首叩地而不稽留也三曰空首加首於手首不至地故曰空首四曰振動謂長跪而不拜手者蓋凡人有所敬則竦身而跪以致其変動之意若秦王於范雎跪而請教是也五曰凶拜即拜而後稽顙稽顙而後拜是也拜而後稽顙者亦如稽首之為但稽首尚左手稽顙尚右手稽首以首平至於地稽顙但引其顙以觸地也若稽顙而後拜則先以顙觸地而後以首加手為空首之拜也六曰吉拜如頓首為之而尚右手者也七曰奇拜謂一拜也八曰褒拜謂再拜也凡稽首皆再拜稽顙皆一拜頓首空首則或一拜或再拜各視其輕重而為

之九曰肅拜跪引手而下之也吉拜以稽首為至重頓首次之
空首為輕稽首者臣拜君之法故左傳孟武伯曰非天子寡君
無所稽首自敵以上用頓首尊者答卑者之拜則空手（首）若振動
則因事為之非常禮也喪拜以凶拜為重吉拜為輕凶拜惟施
於三年自期以下皆吉拜也婦人吉事皆肅拜凶拜則稽顙為
重手拜為輕手拜即空首也但婦人之肅拜施于吉事則尚右
手稽顙空手施于喪事則尚左手與男子相反耳肅拜惟婦人
有之男子則或肅而已不肅拜也立而下手曰肅跪而下手曰
肅拜介冑之士不拜而卻至三肅使者故知但肅者不名肅拜
也凡拜皆跪凡再拜者皆跪而一拜興而又跪一拜婦人有俠
拜無再拜

○孔子既得合葬于防曰吾聞之古也墓而不墳今丘也東西南北之

奉字衍

人也不可以弗識也於是封之崇四尺孔子先反門人後雨甚至孔子問焉曰爾來何遲也曰防墓崩孔子不應三孔子泫然流涕曰吾聞之古不修墓釋文墳扶云反識式志反又如字應應對之應三息暫反又如字泫胡犬反涕音体（體）

鄭氏曰言既得者少孤不知其墓墓謂兆域今之封塋也古謂殷時也土之高者曰墳東西南北言居無常處也築土曰封封之周禮也周（禮）曰以爵等於（為）丘封之度崇高也高四尺盖周之士制先反當脩虞事後待封也門人言所以遲者防墓崩脩之而來孔子不應者以其非禮也脩猶治也陳氏澔曰孔子父墓在防奉母卒奉以合葬識記也為墳所以為記識一則恐人不知而誤犯一則恐己或忘其處而難尋也愚謂古不脩墓盖亦喪事即遠之意喪服四制曰苴衰不補墳墓不培示民有終也言此者自傷其不能謹之於始以致違禮而修墓也

○孔子哭子路於中庭有人弔者而夫子拜之既哭進使者而問故使者曰醢之矣遂命覆醢釋文使色吏反醢音海覆芳服反

鄭氏曰寢中庭也與哭師同親之也拜弔者為之主也使者自衛國來赴者故謂死之意狀醢之者示欲啖食以怖衆覆棄之不忍食王氏安石曰孔子哭子路與哭師同或者哭弟子之禮當如師猶服之有報乎陳氏澔曰覆醢者傷子路之死而不忍食其似也愚謂子路死於衛孔悝之難事見左傳哭於中庭於中庭南面而哭也不於阼階下者别於兄弟之喪也凡於異姓之喪而哭之於寢者其位皆如此故鄭氏謂與哭師同陸氏吴氏謂哭以師友之間非也

○曾子曰朋友之墓有宿草而不哭焉釋文期音朞

鄭氏曰宿草謂陳根也為師心喪三年於朋友期可孔氏曰期

而猶哭者非謂立哭位以終期年謂於一歲之内聞朋友之喪
或過朋友之墓則哭期外則不哭也

脱釋文行

子思曰喪三日而殯凡附於身者必誠必信勿之有悔焉耳矣三月
而葬凡附於棺者必誠必信勿之有悔焉耳矣喪三年以為極亡之
則弗之忘矣故君子有終身之憂而無一朝之患故忌日不樂釋文極亡並如字極徐紀力反王以極字絕句亡作忘向下讀孫依鄭讀作亡而如王分句樂如字又音洛○今按極字句絕亡當如字屬下讀孫氏得之
鄭氏曰附於身謂衣衾附於棺謂明器之屬有終身之憂念其
親無一朝之患毁不滅性忌日謂死日言忌日不用舉吉事愚
謂殯謂斂尸於棺而塗之也言三日三月者謂其時足以治其
殯葬之事也誠者盡其心而無所苟信者當於禮而無所違蓋
送死大事人子之心之所能自盡者惟在此時苟有幾微之失
將有悔之而無可悔者矣喪三年以為極者送死有已復生有

校疏訂

節也亡猶反而亡焉之亡亡則弗之忘者言親雖亡而子之心則不能忘也春霜秋露悽愴怵惕如將見之故有終身之憂不敢以父母之遺體行殆故無一朝之患此皆由不忘親故能如此忌日不樂亦終身不忘親之一端也

○孔子少孤不知其墓殯於五父之衢人之見之者皆以為葬也其慎也蓋殯也問於郰曼父之母然後得合葬於防釋文郰側留反又作鄹父音甫衢求于反慎依註作引羊刃反曼音萬

鄭氏曰孔子之父與顏氏野合而生孔子顏氏耻而不告孔子亦為隱焉殯於家則見者無由怪已殯於五父之衢欲發問端也五父衢名蓋郰曼父之鄰慎讀為引禮家讀然聲之誤也殯引飾棺以輤葬引飾棺以柳翣孔子是時以殯引不以葬引○

當

陳氏澔曰孔子少孤及顏氏死孔子成立久矣聖人人倫之至

豈有終母之世不尋求父葬之地且母死而殯於衢必無室廬而死於道路者不得已之為耳聖人禮法之宗主而忍為之乎此經雜出諸子所記其間不可據以為實者多矣愚謂野合者謂不備禮而婚耳未足深耻也且野合與葬地事不相涉耻野合而諱葬地豈人情哉孔子成立時當時送葬之人必多有在者即顏氏不告豈不可訪問而得之既殯之後孝子廬於中門之外朝夕不離殯宮其慎之如此若殯於五父之衢則與棄於道路何異此記所言蓋事理之所必無者

○鄰有喪舂不相里有殯不巷歌釋文相息亮反

說見曲禮上

○喪冠不緌釋文緌本又作綏同耳佳反

鄭氏曰去飾愚謂冠纓結於頤下而垂其餘以為飾謂之緌喪

冠不綏去飾也五服之冠悉然雜記曰委武玄縞而後綏則大
祥冠乃有綏
○有虞氏瓦棺夏后氏堲周殷人棺椁周人牆置翣釋文即本又作堲同子栗反又音稷
何云冶土為堲四周於棺棺音官椁音郭牆在良反翣所甲反
鄭氏曰瓦棺始不用薪也火熟曰堲燒土冶以周於棺也或謂
之土周由是也弟子職曰右手折堲椁大也言椁大於棺也牆
柳也凡此言後王之彌文孔氏曰古之葬者厚衣之以薪葬之
中野有虞氏造瓦棺始不用薪然虞氏瓦棺則未有椁也夏后
瓦棺之外加堲周殷則梓棺以替瓦棺又以木為椁以替堲周
周人更於椁傍置柳置翣扇是後王之制以漸加文也喪大記
註云在旁曰帷在上曰荒帷荒所以衣柳則是以帷荒之內木
材為柳其實帷荒及木材等總名為柳故縫人註云柳之言聚

諸飾之所聚也是帷荒總名為柳愚謂棺外之材蓋以柳木為之故謂之柳因又以為柳衣之總名也以其在棺外若牆圍然故又謂之牆古時喪制質畧至後世而漸脩為之棺椁而無使土親膚為之牆翣而使人勿惡凡以盡人子之心而非徒為觀美而已

周人以殷人之棺椁葬長殤以夏后氏之堲周葬中殤下殤以有虞氏之瓦棺葬無服之殤釋文長竹丈反下式羊反十六至十九為長殤十二至十五為中殤八歲至十一為下殤七歲以下為無服之殤生未三月不為殤

鄭氏曰畧未成人愚謂周人以夏后氏之堲周葬中殤下殤謂內有瓦棺而外又有堲周也以有虞氏之瓦棺葬無服之殤則但用瓦棺而已周人葬殤如此則周以前殤與成人其葬蓋未甚別與喪服小記曰男子冠而不為殤女子笄而不為殤

○夏后氏尚黑大事斂用昏戎事乘驪牲用玄殷人尚白大事斂用日

按明堂位訂

中戎事乘翰牲用白周人尚赤大事斂用日出戎事乘騵牲用騂釋文斂力驗反驪力知反徐郎志反翰字又作鶾胡旦反又音寒騵音原騂恩營反徐呼營反

鄭氏曰夏后氏以建寅之月為正物生色黑昏時亦黑此大事謂喪事也戎兵也馬黑色曰驪殷以建丑之月為正物芽色白日中時亦白翰馬白色也易曰白馬翰如周以建子之月為正物萌色赤日出時亦赤騵騮馬白腹騂赤類愚謂三代所尚之色不同者蓋欲各為一代之制以示其不相襲禮也此於所乘特言戎事則非戎事所乘固有不盡然者矣明堂位曰夏后氏駱馬黑鬣殷人白馬黑首周人黄馬蕃鬣

○穆公之母卒使人問於曾子曰如之何對曰申也聞諸申之父曰哭泣之哀齊斬之情饘粥之食自天子達布幕衛也縿幕魯也釋文齊音咨本亦作齋齋衰之字後皆放此饘本又作飦之然反粥之六反又音育幕本又作冪音莫縿音綃徐又音蕭○鄭註幕或為幦

括疏改

鄭氏曰穆公魯哀公之曾孫曾子曾參之子名申子喪父母尊卑同幕所以覆棺上也縿縑也讀如綃衛諸侯禮魯天子禮兩言之者僭已久矣孔氏曰有聲之哭有（無）聲之泣並為哀然故曰哭泣之哀齊是為母斬是為父父母情同故云齊斬之情厚曰饘希曰粥朝夕食米一溢孝子以此為食故曰饘粥之食父母之喪貴賤不殊故曰自天子達幕者謂覆棺者也下文云加斧于椁上鄭云以刺繡於縿幕加椁以覆棺已乃屋其上盡塗之是繡幕以覆棺椁也衛是諸侯之禮以布為幕魯是天子之禮以綃為幕案周禮幕人掌帷幕帟綬注云在旁曰帷在上曰幕皆以布為之今謂天子用縿幕衹謂襯棺幕在畢塗之內者也愚謂凡殯皆帷之有在旁之帷則當有在上之幕矣註以為覆棺之幕非是下文言加斧于椁上蓋即喪大記士喪禮所謂夷

衾非幕也衛以布為幕魯以縿為幕蓋當時禮俗之不同言此者以見禮文之小國俗或有少異正以深明夫上之所言乃其大體之必不可得而變者耳

○晋献公將殺其世子申生公子重耳謂之曰子蓋言子之志於公乎世子曰不可君安驪姬是我傷公之心也曰然則蓋行乎世子曰不可君謂我欲弑君也天下豈有無父之國哉吾何行如之釋文重直龍反蓋音盍驪本又作麗亦作孋同力知反弑本又作煞音試徐云字又作䮂音亦同

鄭氏曰欲殺申生信驪姬之譖蓋皆當為盍盍何不也志意也重耳欲使言見譖之意重耳申生異母弟後立為文公傷公之心者言其意則驪姬必誅也驪姬晋献公伐驪戎所獲女也申生之母蚤卒驪姬嬖焉何行如之言人有父則皆惡欲弑父者孔氏曰案僖四年左傳云姬謂大子曰君夢齊姜必速祭之大子

祭于曲沃歸胙于公公獵姬寘諸宮六日毒而獻之公祭之地地墳與犬犬斃與小臣小臣亦斃姬泣曰賊由大子又晉語云姬寘鴆於酒置堇於肉是驪姬譖申生之事也重耳欲使言見譖之意者左傳云或謂大子曰子辭君必辨焉杜預云以六日之狀自理謂毒酒經宿輒敗何以經六日其酒尚好明臨至加毒也大子謂我若自理驪姬爲誅姬死之後公無與共樂故云傷公之心愚謂何行如之者言負弒君之名無以自立於天下也

使人辭於狐突曰申生有罪不念伯氏之言也以至于死申生不敢愛其死雖然吾君老矣子少國家多難伯氏不出而圖吾君伯氏苟出而圖吾君申生受賜而死再拜稽首乃卒是以爲共世子也釋文突徒忽反少詩召反難乃旦反共音恭本亦作恭

鄭氏曰辭猶告也狐突申生之傅舅犯之父也前此者獻公使

申生伐東山皐落氏狐突謂申生不聽欲使之行今言此者謝之也伯氏狐突別字子(氏)驪姬之子奚齊圖謀也不出為君謀國家之政自皐落氏反後狐突懼乃稱疾申生既告狐突乃雉經言行如此可以為恭於孝則未之有孔氏曰案春秋云晉侯殺其世子申生父不義也孝子不陷親於不義而申生不能自理陷親有殺子之惡雖心存孝而於理終非故不曰孝但謚為恭以其順父事而已謚法敬順事上曰恭愚謂申生但知父命之宜從而不知其身之可愛可謂人之所難能矣然為人子者以全君親安宗社為大而不以阿意曲從為孝申生苟能入見獻公自白見譖之狀蓋萬一獻公感悟則君全骨肉之恩國呡(泯)争亂之禍其所全者大矣乃以(恐)傷公之心而不敢自白以姑息愛其親而昧於大義卒使獻公受大惡之名而晉國大乱数世蓋

由其天資仁厚而見理不明也

○魯人有朝祥而莫歌者子路笑之孔子曰由爾責於人終無已夫三年之喪亦已久矣夫子路出夫子曰又多乎哉踰月則其善也釋文莫音暮已夫音扶絶句本或作已矣夫

鄭氏曰子路笑之笑其為樂速孔子為時如此人行三年喪者希抑子路以善彼孔氏曰祥謂二十五月大祥歌哭不同日故仲由笑之案喪服四制祥之日鼓素琴不譏彈琴而譏歌者下註云琴以手歌以氣手在外而遠氣在內而近也愚謂大祥者喪再期而殷祭之名也祥吉也喪一期而除要絰故其祭謂之小祥再期而除衰杖故其祭謂之大祥祥之日鼓素琴未可歌也故魯人朝祥莫歌而子路笑之夫子欲寬其責者乃所以深慨夫時人之不能為三年喪耳非以魯人為得禮而許之也又

恐門人不喻其意故於子路出而正言以明之

○魯莊公及宋人戰于乘邱縣賁父御卜國為右馬驚敗績公隊佐車授綏公曰末之卜也縣賁父曰他日不敗績而今敗績是無勇也遂死之圉人浴馬有流矢在白肉公曰非其罪也遂誄之士之有誄自此始也 釋文乘繩證反縣音懸卷内皆同賁音奔父音甫人名字皆同馬驚敗一本無驚字隊直類反綏息佳反圉魚呂反誄力軌反

鄭氏曰縣卜皆氏也凡車右勇力者為之馬驚奔失列佐車授綏乘公戎車之貳曰佐縣賁父言公他日戰其御馬未嘗驚奔二人遂赴敵而死圉人掌養馬者白肉股肉也上言流矢中馬非御與右之罪遂誄其赴敵之功以為謚孔氏曰乘邱魯地莊公十一年夏六月敗宋師於乘邱周禮戎僕掌倅車之政道僕掌貳車之政田僕掌佐車之政則戎車之貳曰倅此云佐者周禮相對為異散言則同稱車也朱子曰誄者哀死而述其行之

辭愚謂末之卜言未嘗卜也凡戰於御右必卜之左傳晉卜右慶鄭吉鄭卜御宛射犬吉是也時公子偃自雩門竊出公遂從之故於御右不及卜而遽用之公言此者蓋欲以寬二人之責而責父耻其無勇遂赴敵而死據記文則死者但責父耳註乃言二人俱死豈以御右同乘則當同死與周禮小史卿大夫之喪賜謚讀誄則誄為謚而設責父士也不當有謚莊公以其捐軀赴敵雖無謚而特為之誄故士之有誄自此始。註疏以末之卜為責卜國非也果爾則當舉其名不當稱其姓也又謂誄其赴敵之功以為謚亦非也果爾則當言士之有謚自此始不當言士之有誄自此始也

注疏上元本有○

○曾子寢疾病樂正子春坐於牀下曾元曾申坐於足童子隅坐而執燭童子曰華而睆大夫之簀與子春曰止曾子聞之瞿然曰呼曰華

而睆大夫之簀與曾子曰然斯季孫之賜也我未之能易也元起易簀曾元曰夫子之病革矣不可以變幸而至於旦請敬易之曾子曰爾之愛我也不如彼君子之愛人也以德小人之愛人也以姑息吾何求哉吾得正而斃焉斯已矣舉扶而易之反席未安而沒釋文睆華版反明貌孫炎云睆漆也徐又音刮簀音責與音餘瞿紀具反呼音虗吹氣聲也一音況于反革紀力反徐又音極請七頃反斃音弊沒音歿○鄭註睆或為刮

鄭氏曰病謂疾困也子春曾參弟子元申曾參之子隅坐不與成人並也華畫也簀謂牀第也說者以睆為刮節目字或為刮子春曰止以病困不可動也呼虛憊之聲未之能易已病故也革急也變動也息猶安也姑息言苟容取安也斃仆也言曾子病雖困猶勤於禮孔氏曰爾雅釋器云簀謂之第陳氏澔曰華者采飾之美好睆者節目之平瑩愚謂張子謂簀在上顯露以簟席之屬然簀之為第見於爾雅疑牀之簀連著於梲故并梲

亦謂之簀也大夫之簀者言此簀華美乃大夫之所用曾子未嘗為大夫則不當寢之言此以諷之也子春止之而童子又言者以其言未達於曾子也以德謂成己之德姑息言苟且以取安也○程子曰曾子易簀要須如此乃安人不能如此者只為不見實理實見得是實見得非必不肯安於此朱子曰季孫之賜曾子之受皆為非禮或者因仍習俗嘗有其事未能正耳但及其疾病不可以變之時一聞人言而必舉扶以易之則非大賢不能矣此是切要處只在此毫釐頃刻之間又曰易簀結纓未須論優劣但看古人謹于禮法不以死生之變易其所守便使人有行一不義殺一不辜而得天下不為之心此是緊要處

○始死充充如有窮既殯瞿瞿如有求而弗得既葬皇皇如有望而弗至練而慨然祥而廓然釋文慨苦愛反廓苦郭反

鄭氏曰皆憂悼在心之貌孔氏曰事盡理屈為窮親始死孝子匍匐而哭心形充屈如急行道極無所復去窮急之容也殯後心形稍緩瞿瞿眼目速瞻之貌如有所失而求覓之不得然既葬又漸緩皇皇猶栖栖也親歸草土孝子栖栖皇皇無所依託如望彼人來而不至也至小祥但慨嘆日月若馳之速至大祥而寥廓情意不樂而已

○邾婁復之以矢蓋自戰於升陘始也魯婦人之髽而弔也自敗於臺鮐始也釋文邾音朱婁力俱反或如字邾人呼声曰婁故曰邾婁公羊傳與此記同左氏穀梁但作邾陘音刑髽側瓜反臺音胡鮐音臺

鄭氏曰戰於升陘魯僖二十二年秋也時師雖勝死傷亦甚無衣可以招魂也敗於臺鮐魯襄公四年秋也臺當為壺字之誤也春秋傳作狐駘時家家有喪髽而相弔去纚而紒曰髽孔氏曰必用矢者時邾人志在勝敵矢是心之所好故用所好以招

魂冀其復反若因兵而死身死（首）斷絶不生者應無復法若身首不殊因傷致死復有可生之理者則用矢招魂去纚而紒曰髽案士冠禮纚廣終幅長六尺所以韜髮今以凶事故去之但露紒而已愚謂雜記曰大夫士行而死於道則升其乘車之左轂以其綏復復於軍中者其禮蓋亦如此時邾師死傷者多不能皆以綏復而矢乃軍中之所用故推用綏之義而用之而其後邾人之復皆以矢蓋雖死於家者亦然矣髽者去韜髮之纚而露髽也小斂之後五服婦人皆髽既成服則唯齊斬婦人有之時魯人家家有喪故婦人髽而相弔而其後遂以（此）為弔禮之常蓋雖無喪者亦然矣此記二國変禮之由〇鄭氏曰婦人弔服大夫之妻錫衰士之妻其疑衰與皆吉笄無首素總（疏云吉笄無首素總大戴禮文）愚謂喪服傳曰大夫弔于命婦錫衰命婦弔于大夫亦錫

衰是大夫命婦自相弔服錫衰其[illegible]於士亦疑衰耳

○南宮縚之妻之姑之喪夫子誨之髽曰爾毋從從爾爾毋扈扈爾蓋榛以爲笄長尺而總八寸[illegible]無[illegible]音[illegible]音[illegible]反扈音户榛側巾反又士鄰反長直亮反凡度長短曰長皆同此音

鄭氏曰南宮縚孟僖子之子南宮閱也字子容其妻孔子兄女從從謂大高扈扈謂大廣總束髮垂爲飾齊衰之總八寸孔氏曰束髮垂餘之總八寸惡笄或用櫛或用榛故喪服有櫛笄故夫子稱蓋以疑之賈氏公彥曰斬衰總六寸南宮縚之妻爲姑總八寸以下雖無文大功當與齊衰同八寸小功緦麻同一尺吉總當尺二寸斬衰箭笄長尺南宮縚之妻爲姑榛笄亦一尺則大功以下不容更差降故五服畧爲一節皆一尺而已愚謂世本仲孫貜生南宮縚故鄭註以此南宮縚即孟僖子之子仲孫閱然孔子生于襄公二十二年孔子之兄孔子未生時已卒

則其女必稍長於孔子而仲孫閱生於昭公十一年至其可昏之年孔子兄女蓋年逾四十矣必無相為夫婦之理閱與其兄何忌同事孔子然家語弟子解史記弟子列傳並無何忌不應獨載閱是孔子所妻家語史記廁諸弟子之列者必非閱也

○孟獻子禫縣而不樂比御而不入夫子曰獻子加於人一等矣釋文禫徒感反比必利反

鄭氏曰孟獻子魯大夫仲孫蔑可以御婦人矣尚不入寢加踰也又士虞禮註曰禫祭名也與大祥間一月自喪至此凡二十七月禫之言澹澹然平安意也孔氏曰禫祭暫縣省樂而不恒作至二十八月乃作樂又依禮禫後吉祭乃復寢也時人禫後作樂未至吉祭而復寢獻子既禫暫縣省樂而不恒作比可以御婦人而不入寢雖於禮是常而特異餘人故夫子善之其祥禫之月先儒不同王肅以二十五月大祥其月為禫二十六月

作樂以下云祥而縞是月禫徙月樂又魯人朝祥而莫歌孔子云踰月則善是皆祥之後作樂也又三年問云三年之喪二十五月而畢又士虞禮中月而禫是祥月之中與尚書文王中身享國謂身之中間同又文公二年冬公子遂如齊納幣僖公之喪至此二十六月左氏云納幣禮也故王肅以為二十五月禫除喪畢鄭以為二十七月大祥者以雜記云父在為母為妻十三月大祥十五月禫為母為妻尚祥禫異月豈容三年之喪祥禫同月喪服小記云妾祔於妾祖姑亡則中一以上而祔又學記云中年考校皆以中為間謂間隔一年故以中月而禫為間隔一月下云祥而縞是月禫徙月樂謂大祥者縞冠是月禫謂是禫月而禫二者各自為義文公納幣公羊猶譏其喪娶其魯人朝祥莫歌及喪服四制云祥之日鼓素琴及夫子五日彈琴

而不成聲十日成笙歌并此獻子禫縣之屬皆據省樂忘哀非正樂也其八音之樂工人所奏必待二十八月三年問三年之喪二十五月而畢據喪事終除衰去杖餘哀未盡更延兩月非喪之正也曲禮喪事先遠日則大祥當在下旬禫祭又在祥後何得云中月即禫又禫後何以容吉祭戴德喪服变除禮二十五月大祥二十七月而禫故鄭依而用焉愚謂祥禫之月鄭王二說各有據依而先儒多是王氏朱子亦以為然然魯人朝祥莫歌孔子謂踰月則善而孔子既祥十日而成笙歌祥後十日已為踰月則孔氏據喪事先遠日謂祥在下旬者確不可易而祥禫之不得同月亦可見矣祥後所以有禫者正以大祥雖除衰杖而餘哀未忘未忍一旦即吉故再延餘服以伸其未盡之哀以再期為正服而以二月為餘哀此变除之漸而制禮之意

也若祥禫吉祭同在一月則祥後禫前不過数日初無哀之可延而一月之間頻行変除亦覺其急遽而無節矣父在為毋為妻十一月而練十三月而祥十五月而禫祥禫相去二月此正準三年祥禫相去之月数而制之者文作壽方三年之禫

○孔子既祥五日彈琴而不成聲十日而成笙歌 釋文彈徒丹反笙音生

鄭氏曰不成聲哀未忘也十日則踰月且異旬也五日彈琴十日笙歌除由外也琴以手笙歌以氣孔氏曰祥是凶事用遠日故十日得踰月若其卜遠不吉則用近日雖祥後十日未得成笙歌以其未踰月也

有子蓋既祥而絲屨組纓 釋文屨音句組音祖

鄭氏曰譏其早也既祥白屨無絇 疏云変除禮文 縞冠素紕有子孔子弟子有若孔氏曰蓋是疑辭傳聞未審故云蓋案士冠禮冬皮屨夏用

葛無云緌屨者此云緌屨以緌為約繶純之屬有子蓋亦白屨以素絲為繶純也縞冠素紕當用素為纓未用組今用素組為纓故譏之玉藻云元冠綦組纓知此非綦組纓者若用綦組為纓則當以元色為冠若既祥元冠失禮之甚不應直譏組纓也

○死而不弔者三畏厭溺釋文厭于甲反溺奴狄反

鄭氏曰畏謂人或時以非罪均己不能有以說之死之者孔子畏於匡厭行止危陰之下溺謂不乘橋船三者不弔以其輕身忌孝也愚謂畏謂被迫脅而恐懼自裁者厭謂覆厭而死者溺謂川游而死者琴張欲弔宗魯孔子止之君子之於所弔不敢苟如此三者之死皆非正命故不弔觀於此則君子之所以守其身者可知矣

○子路有姊之喪可以除之矣而弗除也孔子曰何弗除也子路曰吾

鄭氏以下九字在孔氏上

庾蔚下當有之字。庾蔚之，脫之字。姊字孔疏無，今本未知何據。按儀禮喪服齊衰不杖，姑姊妹女子子適人無主者，姑姊妹報，則添姑字，禮意未明，云可

條在云字下　後條在後字下

寡兄弟而弗忍也孔子曰先王制禮行道之人皆弗忍也子路聞之

遂除之釋文弗除如字徐治慮反

孔氏曰庾蔚云子路緣姑姊妹無主後猶可得反服推己寡兄弟亦有申其本服之理故於降制已遂而猶不除非在室之姊欲申服過期也鄭氏曰行道謂行仁義愚謂喪服為姑姊妹在室期適人則大功子路之姊蓋已適人者可以除之謂既踰大功之限也子路以已既寡兄弟而女子子適人者為昆弟之為父後者期故欲緣報服之義伸其本服也孔子言服行道義之人皆有不忍其親之意然而不得不除者則以先王制禮而不敢過焉耳然論語稱子路為季路則非無兄弟或雖有兄而早死與

○大公封於營丘比及五世皆反葬於周君子曰樂樂其所自生禮不忘其本古之人有言曰狐死正丘首仁也釋文大音泰樂樂並音岳一讀下五教反又音洛首手又反

鄭氏曰齊大公受封留為大師死葬於周子孫生焉不忍離也五世之後乃葬於齊齊曰營丘君子言反葬以禮樂之義仁恩也孔氏曰案五世反葬者五世之外則親盡也觀經及註則大公之外為五世案世本大公望生丁公伋伋生乙公得得生癸公慈母慈母生哀公不臣案齊世家哀公荒淫被紀侯譖之周周夷王烹哀公亦葬周也哀公是大公元孫哀公死弟胡公靖立靖死獻公山立山死弟武公壽立若以相生為五世則武公以上皆反葬於周若以為君五世則獻公以上反葬周樂樂其所自生者謂先王制樂愛樂已王業之所自生若舜愛樂其能紹堯之德樂名大韶禹愛樂其治水廣大中國樂名大夏也禮不忘其本者謂先王制禮其王業本由質而興則制禮尚質王業由文而興則制禮尚文也謂禮樂皆是重本今反葬於周亦是

重本故引禮樂以美之又引古之人遺言云狐死正其首而嚮
丘丘是狐窟穴根本之處死時猶嚮此丘是有仁恩之心今五
世反葬亦有仁恩之心也顧氏炎武曰太公就封於齊復入為
太師薨而葬于周事未可知使其有之亦古人因薨而葬不擇
地之常爾記以首邱喻之亦已謬矣乃云比及五世皆反葬於
周夫齊之去周二千餘里而使其已化之骨跋履山川觸冒寒
暑自東徂西以葬於封守之外於死者為不仁古之葬者祖於
庭塴於墓反哭於其寢故曰葬日虞弗忍一日離也使齊之孫
重趼送葬曠月淹時不獲遵五月之制速反而虞於生者為不
孝且也入周之境而不見天子則不度離其喪次而以衰絰見
則不祥若其孤不行而使卿攝之則不恭勞民傷財則不惠此
數者無一而可焉葬會稽其後王不從而殺之南陵有夏后皋

之墓豈古人不達禮樂之義哉體魄則降知氣在上故古之事
其先人於廟而不於墓聖人所以知幽明之故也然則太公無
五世反葬之事明矣愚謂周禮五世蓋謂太公至其元孫哀公
也雖（周禮）有族葬之法然古之天子諸侯皆即其所國而葬不必皆
從其祖宗也文王葬豐武王葬鎬亦可見矣太公為周太師丁
公為虎賁氏蓋仕於王朝而死而因葬焉者也哀公則被烹死
於周而因葬焉者也乙公⿸疒酒公無可考使果葬周亦必其死於
周耳若死於其國豈有越數千里而以柩徃葬者謂五世反葬
為不忘本實附會之說爾又案皇覽呂尚冢在臨淄城南十里
與記所言不合史記田和亦謚太〻〻豈皇覽所言者乃和之冢
而設（誤）以為尚與

○伯魚之母死期而猶哭夫子聞之曰誰與哭者門人曰鯉也夫子曰

嘻其甚也伯魚聞之遂除之釋文朞音基與音餘嘻許其反又於其反

鄭氏曰伯魚孔子子也名鯉猶尚也嘻悲恨之聲孔氏曰悲恨之聲者謂非責伯魚也時伯魚母父在為出母亦應十三月祥十五月禫言期而猶哭則是祥後禫前祥外無哭于時伯魚在外哭故夫子怪其甚也或曰為出母無禫期後全不合哭愚謂父在為母十一月而練十三月而祥十五月而禫出母雖服杖期而虞祔練祥之祭皆不在己家直於十三月而除之無所謂練祥禫之祭亦無所謂練祥禫之服也此時伯魚服已除但以哀尚未忘猶有思憶之哭故夫子怪之除之者謂不復哭耳非除服也若服猶未除夫子應怪其服不應聞其哭方怪之也○或謂伯魚之母死期而猶哭夫子以為甚遂除之此自父在為母之制當然疏以為出母者非今按祥而外無哭者禫而內

無哭者父在為母十三月而祥十五月而禫則祥後禫前內庶猶哭夫子何以怪其甚疏說未可非也

○舜葬於蒼梧之野蓋三妃未之從也季武子曰周公蓋祔釋文梧音吾祔音父

鄭氏曰舜征有苗而死因留葬焉蒼梧於周南越之地今為郡祔謂合葬孔氏曰三妃帝王世紀云長妃娥皇無子次妃女英生商均次妃癸比生二女霄明燭光是也愚謂記者引舜事以証古無合葬之禮又引季武子之言以明合葬之所自始也○或問舜卒於鳴條而竹書紀年有南巡不反禮記有葬於蒼梧之說何也朱子曰孟子所言必有依據二書駁雜恐難盡信然無他考驗則亦論而闕之可也

○曾子之喪浴於爨室釋文爨七乱反

鄭氏曰見曾元之辭易簀矯之以謙儉也禮浴於適室孔氏曰

曾子達禮之人應須浴於正寢今乃浴於爨室明知意有所為
故知曰曾元之辭易簀而矯之也愚謂凡死皆於適室曰即其
中霤而浴焉此上下之達即不知禮者亦不聞有改焉者也曾
子欲教其子正當示之以禮豈有使之以非禮浴其喪耶以易
簀章觀之則曾子之卒在於正寢明矣乃移尸而浴於爨室又
移尸而反於正寢以斂且殯焉既違喪事即遠之義又將使新
死者内外遷徙杌隉不安必非人子之所忍出也若時有君命
之弔賓客之〻遂就爨室而行禮則褻而不敬就正室而行禮則
尸與主人皆在他所此皆禮之所必不可者此所記必傳聞之
誤○此篇記曾子行禮之失者二浴於爨室襲裘而弔是也言禮
之失者二弔於負夏小斂之奠在西方是也此章與負夏章決
不可信若襲裘而弔與小斂之奠在西方乃禮文之小失固無

害於曾子之賢然以曾子問一篇觀之其於禮文曲折之間與不精究而明辨之恐亦不當如此篇之所言也

○大功廢業或曰大功誦可也

鄭氏曰許其口習故也愚謂業謂弦誦之業也誦可也者謂可以誦詩而不可以操琴瑟也蓋大功之喪有降服有正服有義服其情不能無隆殺故或弦誦並廢或但廢誦說者各據其一偏而言之故不同曲禮曰喪復常讀樂章然則父母之喪除喪乃得業也

○子張病召申祥而語之曰君子曰終小人曰死吾今日其庶幾乎釋文語魚據反

鄭氏曰申祥子張子太史公傳曰子張姓顓孫今曰申祥周秦之聲二者相近未知孰是死之言澌也事卒為終消盡為澌愚謂天之生人氣以成形而理具焉惟君子全而受之全而歸之

按陸行先生此說亦本孔氏

庋衍文

有始有卒故曰終小人不能全其所賦之理則但見其身形之澌滅而已故曰死吾今日其庶幾者言未至今日猶不敢自信其不為小人蓋深明夫全受全歸之不易以示申祥使知為善之不可以一日而怠也與曾子啟手足以示門人同意

○曾子曰始死之奠其餘閣也與釋文奠田練反閣音各與音餘

朱子曰自葬以前皆謂之奠其禮甚簡蓋哀不能文而於新死者亦未忍遽以鬼神之禮事之也○鄭氏曰不容改新閣庋藏食物愚謂鬼神依於餘飲食始死即設奠所以依神也士喪禮脯醢醴酒升自阼階奠于尸東是也庋餘閣者用閣上所餘脯醢以奠一則以仍其生前之食而不忍遽易一則以用於倉卒之頃而不及別具也

卷八

十二月二日鏘鳴校一過

禮記卷八

檀弓上第三之二

瑞安孫希旦集解

曾子曰：小功不為位也者，是委巷之禮也。子思之哭嫂也為位，婦人倡踊。申祥之哭言思也亦然。釋文倡昌尚反，踊音勇。

鄭氏曰：位謂以親疏敘列哭也。委巷謂街里委曲所為，譏之也。子思哭嫂為位，善之也。禮，嫂叔無服，婦人倡踊，有服者娣姒婦小功。倡，先也。説者云言思，子游之子，申祥妻之兄弟，亦無服，過此以法。獨哭不為位。愚謂哭而為位者，以親疏敘列為位，以親者一人為主，在阼階下西面，而疏者以次而南，如士喪禮主人在阼階下，衆主人及卿大夫皆在其南是也。若不為位，則為主者一人南面，而弔者北面，後言曾子北面而弔，小記哭朋友者於門外之右南面是也。委，曲也。哭有服者必為位，時有哭小功不為位者曾子非之言此乃委巷小人之禮而非君子之所行也奔喪云無服而為位者惟嫂叔此謂在外聞喪而已為之主者子思哭嫂在家嫂叔無服而娣姒婦相為小功故使婦人為主而倡踊妻之兄弟無服而妻為之期若大功故申祥於言思亦為位而哭而使其妻為主而倡踊也凡踊以婦人居閒此皆使婦人倡踊者以其為為位之禮之所自起也嫂之喪子為之期妻之兄弟子為之緦今乃不使子為主而使婦人者蓋以未有子或幼而未能為主耳禮記者因子議小功不為位故引子思申祥之事以証哭必為位之事。○孔叢子孔氏九世皆一子相承此云子思哭嫂孔疏謂兄早卒故得有嫂今案孔子弟子原憲燕伋皆字子思此所稱子思或為異人未可知也

按以子思為原憲疏中已載皇氏之說

○古者冠縮縫今也衡縫故喪冠之反吉非古也 釋文縮所六反縫音逢又扶用反衡依註音橫

鄭氏曰縮從也今禮制讀衡為横今冠横縫以其辟積多孔氏曰古者自殷以上縮直也殷以上質吉凶冠皆直縫辟積襵少故一一前後直縫之今周也衡横也周吉冠多辟積不復一一直縫但多作襵而并横縫之若喪冠猶疏辟而直縫是喪冠與吉冠相反時人因謂古亦喪冠與吉冠反故記者釋之

○曾子謂子思曰伋吾執親之喪也水漿不入於口者七日子思曰先王之制禮也過之者俯而就之不至焉者跂而及之故君子之執親之喪也水漿不入於口者三日杖而后能起釋文伋音急漿子良反俯音甫跂卯豉反

鄭氏曰曾子言此以疾時禮之不如子思為曾子言難繼以禮抑之愚謂此曾子自言其居喪之過禮而子思就其意而申之以明中制也

○曾子曰小功不稅則是遠兄弟終無服也而可乎釋文稅徐他外反

鄭氏曰小功不税據禮而言也日月已過乃聞喪而服曰税大功以上然小功輕不服遠兄弟言相離遠者聞之恒晚而可乎者以已(恩)恩怪之孔氏曰此據正服小功也喪服小記云降而在緦小功者則税之鄭義限内聞喪則追全服王肅謂但服殘日若如王義限内止少一日乃始聞喪若其成服服未得成即除也何名追服其義非也愚謂兄弟謂族親也喪服如(從)祖祖父母從祖父母從祖兄弟為三小功先王之制服以其實不以其文故有其服必有其情非虚加之而已小功恩輕若日月已過而服之則哀微而不足以稱乎其服矣曾子篤於恩故疑不脫(税)之非然先王之于禮則以人之可以通行者制之也

○伯高之喪孔氏之使者未至冉子攝束帛乘馬而將之孔子曰異哉徒使我不誠於伯高釋文使色吏反乘繩證反四馬曰乘

一本上當有來者字

鄭氏曰伯高死時在衛未知何國人使謂賻賵者冉子孔子弟子冉有攝猶貸也禮所以副忠信也忠信而無禮何傳乎孔氏曰代弔非孔子本意是虛有弔禮若遣人重弔彌為不可故曰徒使我不誠于伯高

○伯高死於衛赴於孔子孔子曰吾惡乎哭諸兄弟吾哭諸廟父之友吾哭諸廟門之外師吾哭諸寢朋友吾寢（哭）諸寢門之外所知吾哭諸野於野則已疏於寢則已重夫由賜也見我吾哭諸賜氏遂命子貢為之主曰為爾哭也來者拜之知伯高而來者勿拜也釋文惡音烏夫舊音扶皇如字謂丈夫即伯高也見如字皇賢遍反為爾者為于偽反一本作為爾哭也來者

鄭氏曰赴告也凡有舊恩者則使人告之吾惡乎哭諸以其交會尚新也哭兄弟于廟父之友於廟門外別親疏也哭師於寢朋友於寢門外所知於野別輕重也已猶大也哭諸賜氏哭於

注作明

子貢寢門之外本於恩也命子貢為主本恩所由也知伯高者
勿拜異于正主孔氏曰凡喪之正主則知生知死而來悉拜之
今與伯高相知來者不拜故鄭云異於正主愚謂惡乎哭者以
其恩在深淺之間疑之也哭兄弟父友於廟者恩本於父祖也
或於廟或於廟門之外者別親疏也哭師友於寢者恩成於己
也或於寢或於寢門之外者別輕重也哭所知於野者恩淺也
於寢則已重於野則已疏者不可遽同於師友而又不可泛等
於所知也命子貢為之主者使居寢門外南面之位而拜賓也
知伯高而來則勿拜者異於有服之親也哭有服者而為主則
知生知死而來者皆拜之○疏以哭兄弟於廟哭師於寢為殷
法非也左傳凡諸侯之喪異姓臨於外同姓于宗廟同宗於祖
廟同族於禰廟則哭兄弟於廟者固周禮然矣奔喪師哭諸廟

門之外與此異者蓋恩由父者哭諸廟恩由己者哭諸寢孔子少孤事師不由於父故哭師於寢

○曾子曰喪有疾食肉飲酒必有草木之滋焉以為薑桂之謂也釋文滋音咨薑居良反

鄭氏曰增以香味為其疾不嗜食也以為薑桂之謂為記者正曾子所謂艸木滋者謂薑桂也

○子夏哭其子而喪其明曾子弔之曰吾聞之也朋友喪明則哭之曾子哭子夏亦哭曰天乎予之無罪也曾子怒曰商女何無罪也吾與女事夫子於洙泗之間退而老於西河之上使西河之民疑女於夫子爾罪一也喪爾親使民未有聞焉爾罪二也喪爾子喪爾明爾罪三也而曰女何無罪與子夏投其杖而拜曰吾過矣吾過矣吾離羣而索居亦已久矣釋文而喪息浪反下喪明喪爾明同女音汝洙音殊泗音四罪與與音餘離音詈索悉各反

鄭氏曰明目睛洙泗魯水名西河龍門至華陰之地罪一言其不稱師也罪二言居親喪無異稱罪三言隆於妻子再言吾過矣謝之且服罪也羣謂同門朋友也索猶離也孔氏曰疑女於夫子者既不稱其師自為談說辨慧聰睿絕異於人使西河之人疑女道德與夫子相似愚謂子夏自言離羣散居無朋友切磋之益故至於有過而不自知張子曰子夏喪明必是初喪親時尚強壯其喪子血氣漸衰故喪明然曾子之責安得辭也愚謂此記所言有無不可知然曾子之盡言以規過子夏之聞義而遷服此則非賢者不能而學者之所當取法也

○夫晝居於內問其疾可也夜居於外弔之可也是故君子非有大故不宿於外非致齊也非疾也不晝夜居於內釋文晝知又反齊側皆反

鄭氏曰晝居於內似有疾夜居於外似有喪內謂正寢之中愚

謂内外謂正寢室之内外也大故謂有喪喪既小斂主人之位恒在阼階下既殯廬於中門之外致齊與疾恒在正寢室中大故即喪也孟子令也不幸至於大故是也君子晝必處外夜必處内所以順陰陽動静之宜以爲興居之節故事業得其序身體得其養苟反其常則雖不必果有喪疾而固可以問其疾弔其喪矣可不謹哉

○高子臯之執親之喪也泣血三年未嘗見齒君子以爲難釋文見賢遍反

鄭氏曰子臯孔子弟子名柴泣血言泣無聲如血出未嘗見齒言笑之微君子以爲難言人不能然孔氏曰涕淚必因悲聲而出若血出則不由聲今子臯悲無聲其涕亦出故云泣血凡人大笑則露齒本中笑則齒露微笑則不見齒

○衰與其不當物也寧無衰齊衰不以邊坐大功不以服勤釋文衰七雷反後五

注作倚

服之衰皆放此後不復音當丁浪反

鄭氏曰寧無衰惡其乱禮也不當物謂精麤廣狹不應法制邊偏傍倚也不以邊坐服勤爲褻喪服孔氏曰齊衰言不邊坐則大功可也大功不服勤則齊衰固不可而小功可也愚謂衰謂五服之衰物謂升數之多寡鍛治之功沽衰之物不同所以別恩誼之親疏不可得而乱也無衰而禮自若不當物則乱於喪紀而禮亡矣邊坐謂坐不中席也不以邊坐不以服勤皆所以致其嚴敬蓋敬所以攝哀而褻則或忘也

○孔子之衛遇舊館人之喪入而哭之哀出使子貢說驂而賻之子貢曰於門人之喪未有所說驂說驂於舊館無乃已重乎夫子曰予鄉者入而哭之遇於一哀而出涕予惡夫涕之無從也小子行之釋文說本又作稅同他活反徐又始銳反驂七南反鄉本又作嚮許亮反出涕出如字徐尺遂反涕音體惡烏路反夫音扶

按注改

鄭氏曰舍[館]人前日君所使舍已賻助喪用騑馬曰驂子貢言說驂大重比於門人恩為偏頗遇見也孔子言舊館人恩雖輕我入哭見主人為我盡一哀是以厚恩待我我為出涕恩厚宜有重施客行無他物可以易之者使遂以往孔氏曰說驂於舊館惜車於顏淵者顏淵之死必當有物與之顏路無厭故却之耳

輔氏（廣）曰義之所可則說驂以贈館人而不吝義所不可則顏路請車而不從於此可見聖人處事之權衡愚謂館人猶舍人舊時館舍之人也凡賻以錢財為常其重者乃用車馬館人誼疏故子貢以說驂為重而怪之一與壹同遇於一哀言已入弔時遇主人之專一而致其哀也蓋主人之於弔賓恩深者其哀恒切令主人為孔子而致哀是以厚恩待孔子也孔子感之而為之出涕是又以厚恩答之也情必資物以表之若無以賻之

則疑于情之不足而鄉者之涕幾于虛僞而無所自出矣說驂以賻者客行無他物可賻故也○孔氏曰孔子得有驂馬者案王度記天子駕六馬諸侯四大夫三士二古毛詩云天子至大夫皆駕六孔子既為大夫若依王度記則有一驂馬若依毛詩說則有二驂馬也愚謂詩大明詠武王而曰駟騵彭彭車攻詠宣王而曰駟牡龐龐此天子駕四也諸侯言載驂載駟此諸侯駕四也節南山言四牡項領此大夫駕四也惟士則駕二故士喪禮下篇公賵玄纁乘馬兩又家語昭公與孔子一乘車兩馬時孔子未為大夫也書言朽索馭六馬詩言良馬五之良馬六之不過極言其多耳非定有一乘駕六馬之法也王度記之言不可據

○孔子在衛有送葬者而夫子觀之曰善哉為喪乎足以為法矣小子識之子貢曰夫子何善爾也曰其往也如慕其反也如疑子貢曰豈

若速反而虞乎子曰小子識之我未之能行也釋文識式志反又音式

鄭氏曰慕謂小兒隨父母啼呼疑者哀親之在彼如不欲還然哀戚本也祭祀末也愚謂其往也如慕者孝子以親往葬於墓欲從之而不能如嬰兒之思慕其親而啼泣也其反也如疑者既葬迎精而反不知神之來否故遲疑而不欲遽還也虞祭名葬反日中而祭子貢恐反遲則虞祭或違於禮不知祭祀者禮之文而哀戚者乃禮之本也夫子言己未能行自抑以深善之

○顏淵之喪饋祥肉孔子出受之入彈琴而後食釋文饋其位反

鄭氏曰彈琴以散哀也愚謂夫子為顏子子路皆如喪子而無服而其於顏子之死哀痛尤深蓋心喪之如長子自祥以前皆廢樂也父母之喪三年不為樂而祥之日鼓素琴夫子為顏子心喪廢樂故彈琴而後食祥肉蓋以此為釋心喪之節也

○孔子與門人立拱而尚右二三子亦皆尚右孔子曰二三子之嗜學也我則有姊之喪故也二三子皆尚左釋文拱恭勇反嗜市志反

鄭氏曰二三子亦皆尚右傚孔子也嗜貪也尚左復正也喪在右右陰也吉在左左陽也愚謂凡男拜尚左手左陽也其拱亦然凶事則尚右手反吉也婦人則吉事尚右凶事尚左

○孔子蚤作負手曳杖消搖於門歌曰泰山其頹乎梁木其壞乎哲人其萎乎既歌而入當戶而坐子貢聞之曰泰山其頹則吾將安仰梁木其壞哲人其萎則吾將安放夫子殆將病也釋文蚤音早曳羊世反亦作抴消搖本又作逍遙頹徒回反萎本作委同紆危反放方兩反○謝氏枋得云劉尚書美家藏禮記梁木其壞下有則吾將安仗五字今按注疏並不解此句殆後人所增耳

鄭氏曰作起也負手曳杖消搖於門欲人之怪已泰山衆山所仰梁木衆木所放哲人亦衆人所仰放也萎病也詩曰無木不

萎孔氏曰杖以扶身恒在前而用今反手卻後曳之示不復杖也夫子禮度自守貌恒矜莊今乃消搖放散以自寬縱皆示若不能以禮自持並將死之意狀放依也愚謂門謂寢門也當户而坐鄉明也君子之居恒當户夫子自知其病而將死故見於歌者如此而子貢聞而知其意也

遂趋而入夫子曰賜爾來何遲也夏后氏殯於東階之上則猶在阼也殷人殯於兩楹之間則與賓主夾之也周人殯於西階之上則猶賓之也而丘也殷人也予疇昔之夜夢坐奠於兩楹之間夫明王不興而天下其孰能宗予予殆將死也蓋寢疾七日而没釋文作才故反楹音盈夾又作俠古洽反疇直留反

後鄭氏[illegible]謂在東階上

東階主人之階也夏人以新死未異於生故殯於東階之上則猶在主人之位也西階賓客之階也周人以死者與生不同而

鬼神之位在西故殯於西階之上則猶在賓客之處也兩楹之間謂戶牖之間南面之位其東西直兩楹之中間也堂上之位以此為家（最）尊殷人以鬼神應居尊位故殯於兩楹之間而賓主之位夾其兩旁也鄭氏曰孔子夢坐兩楹之間而見饋食言奠者以為凶象疇發聲也昔猶前也孰誰也宗尊也兩楹之間南面鄉明人君聽治正坐之處今無明王誰能用我以為人君乎是我殷家奠殯之象以此自知將死明聖人知命陳氏澔曰孔子其先宋人成湯之後故自謂殷人孔子以殷人而享殷禮故自知將死由今觀之萬世王祀（其）亦應矣愚謂奠定也坐奠猶言安坐也人君每日視朝於治朝退適路寢聽政則其正坐在兩楹之間大夫雖有私朝其聽政不敢南面避人君也夫子自言夢坐安於兩楹之間而明王不興天下無尊我以為君者則非

喪下亦當有礼字

南面聽治之象而必為殷家喪殯之兆矣故以此自卜其將死也鄭氏謂奠為饋奠非也士喪禮大斂奠在室是殯所無設奠之法也又士喪小斂卒斂男女奉尸侇于堂而小斂奠設於尸東若奠為喪奠則夫子何不言小斂侇尸而乃以殷家之殯為言乎況人君於路寢聽政其飲食初不在此尤不得以奠為奠饋也○吳氏澄曰聖人德容至死不變今負手曳杖逍遥於門周旋中禮者似不如是聖人樂天知命視死生如晝夜豈自為歌辭以悲其死且以哲人為稱泰山梁木為比自稱若是聖人清明在躬志氣如神生死固所自知又豈待占夢而知將死蓋是周末七十子以後之人將以尊聖人而不知適以卑之也愚謂夫子自知其將死而見之於歌非所謂自悲其死也夫子嘗自言天生德于予又曰斯文在茲則泰山梁木之擬亦無是疑、

占夢而知其將死是即志氣如神之效若謂生死固所自知而無待于夢則夫子豈管輅郭璞之流耶惟負手曳杖非周旋中禮之容誠有如吳氏所言者其或記者之失與

○孔子之喪門人疑所服子貢曰昔者夫子之喪顔淵若喪子而無服喪子路亦然請喪夫子若喪父而無服

鄭氏曰無服不爲衰弔服如麻心喪三年孔氏曰依禮喪師無服門人以夫子聖人與凡師不同故疑所服知爲師弔服如麻者案喪服朋友麻下云孔子之喪二三子皆絰而出羣居則絰出則否是弟子相爲與爲夫子同但絰出與不出有異則喪師與朋友同也爲師及朋友皆既葬除之程子曰師不立服不可立也當以情之厚薄事之大小處之如顔閔於孔子其成己之功與君父同其次各有淺深稱其情而已下至曲藝莫不有師

裳上似當有素字

豈可一概制服愚謂喪服記云朋友麻蓋弔服以葛為絰朋友則用麻為之也服問公謂卿大夫錫衰以居大夫相為亦然錫衰大夫相弔之服也大夫相為亦朋友之義而用其弔服以居則謂為朋友弔服加麻者信矣士之弔服素冠而疑衰裳弔服之絰在五服之外當又小於緦麻之絰其亦以五分去一為之差與舊說謂朋友相為服緦之絰帶無所據也

○孔子之喪公西赤為志焉飾棺墻置翣設披周也設崇殷也綢練設旐夏也釋文置知吏反翣所甲反披彼義反綢吐刀反徐直留反旐直小反

鄭氏曰公西赤孔子弟子字子華志謂章識墻柳衣牆之障柩猶垣牆障家翣以布衣木如攝與披柩行夾引棺者崇牙旌旗飾也綢練以練綢旌之杠此旌葬乘車所建也旌之旒緇布廣充幅長尋曰旐爾雅說旌旗曰素錦綢杠夫子雖殷人兼用三

王之禮尊之孔氏曰孔子之葬公西赤以飾棺榮夫子故為盛禮備三王之法以章明志識焉於是以素為褚褚外加牆車邊置翣恐柩車傾虧而以繩左右維持之此皆周之法也其送葬乘車所建旌旗刻繒為崇牙之飾此則殷法又韜盛旌旗之竿以素錦於杠首設長尋之旐此則夏禮也尊崇夫子故兼用三代之飾也鄭註障柩之牆即柳也外旁帷荒中央材木總而言之皆謂之為柳縫人註云柳聚也諸飾所聚也翣以木為筐廣三尺高二尺四寸方兩角高衣以白布畫雲氣柄長五尺如扇漢謂扇為翣也知此旌乘車所建者案既夕禮陳車門內右北面乘車載旜道車載朝服稾車載蓑笠故知此旌乘車所建也夫子用三代之禮不為僭者用其大夫之禮耳愚謂葬之有飾所以表識人之爵行故謂之志孔子之喪使公西赤為志者以

其習於禮樂之事也崇崇牙也樂簴有崇牙以縣鐘磬之紘此
則刻於旗杠之首以注旄者與孔氏曰案既夕士禮有二旌一
是銘旌初死書名於上曰某氏某之柩葬則入壙二則乘車之
旌則既夕禮乘車載旜亦在柩前至柩入壙乃斂乘車所載之
旌載於柩車而還言送形而往迎精而反也其大夫諸侯則無
文其天子亦有銘旌司常云共銘旌又云建廞車之旌廞謂興
作之則明器之車也其旌即明器之旌至壙從明器納之壙中
又士禮既有乘車載旜則天子亦當有乘車載大常至壙亦載
之而歸但禮文不具耳是天子三旌也熊氏以為大夫以上有
遣車即有廞車旌亦有三旌也愚謂士惟一旗故乘車載旜若天
子有五路葬時皆用為魂車則每路各建其旗又遣車九乘車
各有旌并銘旌當有十五旌也若諸侯則同姓自金路以下又

遣車七乘并銘旌為十二旗異路自象路以下并遣車之旌及銘旌為十一旌也

○子張之喪公明儀為志焉褚幕丹質蟻結於四隅殷士也釋文褚張呂反幕音莫蟻魚綺反又作蛾

鄭氏曰以丹布幕為褚葬覆棺不牆不翣畫褚之四角其文如蟻行往來相交錯蟻蚍蜉也殷之蟻結似今蛇文畫子張學於孔子傚殷禮孔氏曰公明儀是子張弟子褚謂覆棺之物大夫以上其形似幄士則無褚今公明儀尊敬其師故特為褚但似幕形而以丹質之布為之又於褚之四角畫蚍蜉之形交結往來不牆不翣用殷禮也夫子聖人弟子尊之兼用三代之禮今公明儀雖尊其師祇用殷禮而已愚謂周禮人君大夫士之葬皆有牆翣上章云飾棺牆置翣周也是也其自大夫以上又有

褚其形如幄上下四周以素錦爲之今公明儀於子張之葬不置牆翣但用丹布爲褚覆於棺上而不四周而畫蚍蜉於褚之四角此乃殷之士禮故曰殷士也然則殷自大夫以上其褚盖亦四周而用錦帛之屬與孔子習兼三代之禮而七十子之徒亦學焉故公明儀用殷禮以葬其師盖亦崇儉尚質之意與

○子夏問於孔子曰居父母之仇如之何夫子曰寢苫枕干不仕弗與共天下也遇諸市朝不反兵而鬬曰請問諸昆弟之仇如之何曰仕弗與共國銜君命而使雖遇之不鬬曰請問居從父昆弟之仇如之何曰不爲魁主人能則執兵而陪其後釋文仇音求苫始占反枕之鴆反盾本又作楯食允反又音允朝直遙反銜音咸使色吏反從如字徐才用反魁苦回反陪步回反

鄭氏曰居父母之仇雖除喪居處猶若喪也干盾也弗與共天下不可以並生也不反兵謂雖適市朝不釋兵也昆弟之仇銜

按曲禮本改訂

不字按疏補

君命不鬬為負而廢君命也魁猶首也天文𣅀斗魁為首杓為末執兵陪其後為其負當成之孔氏曰不反兵而鬬者恒執殺之備雖在市朝不待反還取兵即當鬬也然朝在公門之内兵器不入公門此得持兵入朝者案閽人掌中門之禁但兵器不得入中門耳其大詢衆庶在皐門内案大詢衆庶在皐門外說見玉藻則得入也且朝文既廣設朝或在野外或在縣鄙鄉遂但有公事之處皆謂之朝兵者亦謂佩刀以上不必要是矛戟上曲禮云昆弟之讎不反兵此云父母之仇不反兵者父母昆弟之仇皆不反兵曲禮昆弟之讎不反兵謂非公事或不仕者故恒執殺之備此文昆弟之仇據身仕為君命出使遇之不鬬故不得云不反兵也二文相互乃足愚謂寢苫者恒以喪禮自處也枕干者報仇之器不離於身也不仕者父仇未報故無心于仕

宦且為有君事則於報仇或妨也弗與共天下即不與共戴天之意遇諸市朝不反兵而鬭者兵器不離身遇之即鬭不待反而取兵也昆弟有仇猶可以仕但不以仇人同國耳銜君命則遇之不鬭不以私仇廢公事也若非銜君命亦不反兵而鬭矣周禮朋友之讎視從父兄弟曲禮言朋友之讎不同國此言從父兄弟之讎不為魁者曲禮據死者無子無親於己者此自有主人故但助之而已

○孔子之喪二三子皆絰而出羣居則絰出則否釋文絰大結反

鄭氏曰尊師也出謂有所之適羣謂七十二弟子相為朋友服

愚謂服問公為卿大夫錫衰以居出亦如之大夫相為亦然司服緦衰錫衰疑衰其首服皆弁絰公為卿大夫及大夫相為皆錫衰則亦當有絰是弔服加絰者出與居皆服之朋友相為亦

宜然今七十子相為出乃不服者蓋以孔子之喪既經而出故於朋友之服微殺之以示其不敢同於師之意蓋酌乎禮之宜而變之也

易墓非古也釋文易以豉反

鄭氏曰易謂芟治草木不易者丘陵也孔氏曰墓謂冢旁之地不易者使有艸木如丘陵然愚謂墓以藏體魄無所事於易也即古不修墓之意

子路曰吾聞諸夫子喪禮與其哀不足而禮有餘也不若禮不足而哀有餘也祭禮與其敬不足而禮有餘也不若禮不足而敬有餘也

鄭氏曰喪主哀祭主敬孔氏曰喪禮有餘謂明器衣衾之屬多也祭禮有餘謂俎豆牲牢之屬多也陳氏澔曰有其禮無其財則禮或有所不足哀敬則可自盡也此夫子反本之論亦寧戚

寧儉之意愚謂禮有餘謂財物之繁多儀節之詳盡也喪祭之禮固有一定然第務於禮而哀敬不足以稱之則見為有餘矣此以禮之末雖舉而其本則有所未盡也若哀敬有餘而於儀物或有所未盡此雖未足以言備禮而其本則已得矣行禮固以本末兼盡者為至若就其偏者而較其得失則又以得其本者為貴也

○曾子弔於負夏主人既祖填池推柩而反之降婦人而后行禮從者曰禮與曾子曰夫祖者且也且胡為其不可以反宿也釋文從填池依註音奠徹處王並如字推昌隹反又吐回反柩其久反從才用反下同與音餘夫音扶下同

鄭氏曰負夏衛地祖謂移柩車去載處為行始也填池當為奠徹謂徹遣奠設祖奠推柩而反榮曾子弔欲更始也禮既祖而婦人降今既反柩婦人辟之復升堂矣柩無反而反之而又降

婦人蓋欲矜賓於[此]婦人皆非也且未定之辭孔氏曰案既夕禮啓殯之後柩遷於祖升自西階正棺於兩楹間鄭註云是時柩北首設奠於柩西此奠謂啟殯之奠也質明徹去啟奠乃設遷祖之奠於柩西至日側乃卻下棺載於階間降下遷祖之奠設於柩車西時柩猶北首乃飾棺設披屬引徹去遷祖之奠還柩鄉外而為行始謂之祖婦人降即位於階間乃設祖奠至厥明徹祖奠設遣奠然後徹之苞牲取下體遂行此是啟殯之後至柩車出之節也曾子之弔在祖之明日徹祖奠設遣奠之時主人榮曾子之來乃徹遣奠更設祖奠又推柩鄉北又遣婦人升堂至明旦婦人從堂更降而後行遣車禮（遣車疑當作遣奠）愚謂此章之義難曉而註疏之說如此然[既]後設遣奠則葬日也葬日必卜而弔事俄頃可畢豈必還柩反宿以違其素卜之期乎疑所謂

既祖者謂葬前一夕還車為行始之後而非祖之明日也奠謂祖奠徹之者因推柩而辟之也降婦人者婦人辟推柩故升堂柩既反而復降立於兩階閒之東也行禮曾子行弔禮也必降婦人而後行禮者以既祖之後婦人之位本在堂下非為欲矜賓於婦人也柩反而曰反宿者曾子既弔之後主人不欲頻動柩車至明日乃始還車嚮外而行遣奠也

從者又問諸子游曰禮與子游曰飯於牖下小斂於戶內大斂於阼殯於客位祖於庭葬於墓所以即遠也故喪事有進而無退曾子聞之曰多矣乎予出祖者釋文飯煩晚反牖羊久反斂力驗反禮家凡大斂小斂之字皆同不重出作才故反

飯以米貝實尸口中也小斂大斂皆以衣斂尸衣少曰小斂衣多曰大斂殯斂於棺而塗之也周人殯於西階之上即就也從者疑曾子之言故又問諸子游而子游告之如此則反柩非禮

明矣多猶勝也言子游所言出祖之事勝於己也○下篇云君於大夫將葬弔於宮命引之三步則止則柩於將葬雖君弔不為反也此乃為曾子而反柩殊為可疑且反柩之失曾子豈有不知註疏謂曾子心知其罪而給說以答從者則尤非曾子之所出也然則此事蓋亦傳聞而失其實者與

○曾子襲裘而弔子游裼裘而弔曾子指子游而示人曰夫夫也為習於禮者如之何其裼裘而弔也主人既小斂袒括髮子游趨而出襲裘帶絰而入曾子曰我過矣我過矣夫夫是也釋文裼星歷反夫夫上音扶下如字一讀並如字袒徒旱反括古活反

夫夫猶言是人也袒袒衣而露其臂也括髮去纚而約其髮以麻也始死主人笄纚深衣至小斂乃袒括髮始變服也帶絰服弔服之葛帶絰也出而帶絰者死者之寢門外蓋張次以為弔

者之所止息而其絰帶亦饌焉故出而取服之也凡弔者主人未變則吉服羔裘元冠緇衣素裳又裼而露其中衣主人既變則襲而加絰帶其冠與衣猶是也主人既成服則服弔衰○喪服記朋友麻奔喪無服而為位者惟嫂叔及婦人降而無服者麻此二者之麻皆弔服也而特言麻可以見凡弔絰之非麻矣喪服記公子為其母練冠麻為其妻縓冠葛絰帶以麻對葛而言可以見喪服記朋友麻及奔喪所言之麻皆對葛而言麻矣士虞禮祝免澡葛絰帶祝乃公有司其所服固弔服也而葛絰帶則弔服之絰帶於此可見矣士為朋友麻若弔於未成服則亦爲絰帶蓋未成服則弔者猶元冠麻不加於采也又註謂子游所弔者朋友疏謂弔服惟有絰朋友乃加帶非也子游所弔不言其為何人安知其為朋友乎喪大記弔者加武帶絰則凡

弔者皆帶經脩有不獨朋友矣

○子夏既除喪而見予之琴和之而不和彈之而不成聲作而曰哀未忘也先一制禮而弗敢過也子張既除喪而見予之琴和之而和彈之而成聲作而曰先王制禮不敢不至焉釋文見賢遍反予羊汝反和音禾或胡卧反忘音亡

除喪既祥也和調弦也子夏哀未盡而能自節子張哀已盡而能自勉所謂俯而就之跂而及之也○孔氏曰案家語及詩傳皆言子夏喪畢夫子與琴援琴而弦衎衎而樂閔子騫喪畢夫子與琴援琴而弦切切而哀與此不同子夏居喪無異聞而閔子騫至孝當以家語及詩傳為正愚謂子張務外而子夏誠篤則其居親之喪其哀之至與不至固當異矣曾子謂子夏喪親未有聞特謂未聞其喪明耳未可據此而疑其喪親之不能盡哀也此與家語詩傳所言未知孰是

○司寇惠子之喪子游為之麻衰牡麻絰文子辭曰子辱與彌牟之弟游又辱為之服敢辭子游曰禮也文子退反哭子游趨而就諸臣之位文子又辭曰子辱與彌牟之弟游又辱為之服又辱臨其喪敢辭子游曰固以請文子退扶適子南面而立曰子辱與彌牟之弟游又辱為之服又辱臨其喪虎也敢不復位子游趨而就客位釋文彌已畢反牟莫侯反為之于偽反適丁歷反

鄭氏曰司寇惠子衛將軍文子彌牟之弟惠叔蘭也生虎者惠子廢適立庶子游為之重服以譏之麻衰以吉服之布為衰子游名習禮子游曰禮文子亦以為當然未覺其所譏趨而就諸臣之位深譏之大夫之家臣位在賓後虎適子名也文子覺所譏扶而辭敬子游也南面而在則諸臣位在門内北面明矣惡謂麻衰用吉布十五升為弔服而又以為冒前之衰也士弔服疑衰麻衰視疑衰為輕朋友麻其非朋友弔服用葛絰而已

文字疑衍

子游以文惠子廢適立庶故特為輕衰重絰以譏之文子言子游但與其弟游而已其恩未至於朋友而乃為服朋友之麻絰故〻其重而辭之反哭者反其位而哭也子游於司寇氏為異國之士位在西方東面士喪禮士西方東面是也大夫諸臣之位蓋門東北面東上與趨而就諸臣之位變位以深譏之復位謂復其為喪主之位也趨而就客位者所請已行而復其正也

請疑譏鄭注曰所譏行

○將軍文子之喪既除喪而后越人來弔主人深衣練冠待于廟垂涕洟子游觀之曰將軍文氏之子其庶幾乎亡於禮者之禮也其動也中

釋文涕他計反洟音夷自目曰涕自鼻曰洟亡音無中竹仲反

鄭氏曰主人文子之子簡子瑕也深衣練冠凶服變也待于廟受弔不迎賓也中中禮之變愚謂除喪蓋禫除吉祭之後新主已遷於廟故就廟而受弔也深衣十五升布連衣裳為之其服

在吉凶之閒練冠小祥之冠也時文氏喪服已除吉服又不可以受弔聘禮遭喪大夫練冠長衣以受彼凶中受吉禮此吉中受凶禮故放其服而畧變焉祥而外無哭者禫而内無哭者故但垂涕洟以致其哀而已庶幾近也言其近於禮也蓋除喪受弔乃禮之所未有文子之子處禮之變酌乎情文之宜而行之而能不失乎禮意故子游善之衆士喪禮君使人弔襚主人迎於寢門外若異國君之使其敬之當與己君之使同此主人待於廟不迎者蓋弔者非越君之命與

○幼名冠字五十以伯仲死謚周道也釋文冠古乱反

孔曰名以名質生若無名不可分別故生三月而加名二十有為人父之道朋友等類不可復呼其名故冠而加字五十耆艾轉尊又捨其二十之字直以伯仲別之至死而加謚凡此皆

家稱叔下段〻寫上面 接
〻盖惟四接寫
有疏
其昆弟〻〻也三句不取〻

周道也然則自殷以前為字不在冠時伯仲不當五十以殷尚質不諱名故也又殷以上有生號仍為死後之稱更無別謚周則〻後別立謚案士冠禮二十已有伯某甫仲叔季此云五十以伯仲者二十之時雖云伯仲皆配某甫而言五十直稱伯仲耳禮緯含文嘉云質家稱仲文家稱叔其昆弟多者質家則積於仲文家則積於叔也上曲禮疏引含文嘉與此同據白虎通稱當作積盖伯仲叔季之稱惟四周代是文故有管叔蔡叔霍叔康叔等末者稱聃季也賈氏公彥曰檀弓五十以伯仲周道也是稱伯仲之時兼字而言若孔子稱尼甫五至十去甫配仲而稱之曰仲尼是也愚謂五十以伯仲賈孔之說不同盖賈氏為是冠時字之雖已曰伯某甫仲叔季惟所當而其後稱之則但曰某甫至五十而後稱曰伯某也特牲禮稱其祖曰皇祖某甫

校注行

少牢禮則曰皇祖伯某是伯某之稱尊於某甫可知

○經也者實也

鄭氏曰所以表哀戚陳氏澔曰麻在首在要皆曰經經之言實明孝子有忠實之心也敖氏繼公曰凡喪服衰裳冠帶之屬皆因吉服而易之惟首經則不然蓋古者未有喪服之時但加此經以表哀戚後世聖人因而不去且異其大小之制以為輕重云

○掘中霤而浴毀竈以綴足及葬毀宗躐行出于大門殷道也學者行之釋文掘求月反又求勿反霤力救反綴竹劣反又竹衛反躐良輒反

鄭氏曰明不復有事於此周人不浴不掘中霤葬不毀宗躐行毀宗、、廟門之西而出行神之位在廟門之外學於孔子者行之倣殷禮孔氏曰中霤室中也死而掘室中之地作坎一則言此室於死者無用二則以牀架坎上尸於牀上浴令水入坎中也毀竈綴足者一則示死者無復飲食之事二則恐死人冷彊足辟戾不可著屨故用毀竈之甓連綴其足令直可著屨也宗廟也殷人殯於廟至葬毀廟門西邊墻而出於大門一則明此廟於死者無事二則行神之位在廟門西邊當所毀宗之外若生時出行則爲壇告行神車躐壇上而出使道中安穩今柩行毀宗而出仍得躐此行壇如生時也殷道謂殷禮也周浴用盤承浴汁不掘中霤綴足用燕几不毀竈殯於正寢至葬而朝廟從正門出不毀宗也愚謂坊記曰浴於中霤是周人浴亦在中霤但不掘耳

○子柳之母死子碩請具子柳曰何以哉子碩曰請粥庶弟之母子柳曰如之何其粥人之母以葬其母也不可既葬子碩欲以賻布之餘具祭器子柳曰不可吾聞之也君子不家於喪請班諸兄弟之貧者

釋文碩音石粥本又作鬻音育

鄭氏曰子柳魯叔仲皮之子子碩兄其謂葬之器用何以言無其財粥謂嫁之也妾賤取之曰買不粥人之母以葬其母忠恕也古者謂錢為泉布所以通布貨財不家於喪惡因死者以為利班諸兄弟之貧者以分死者所矜也陳氏澔曰欲粥庶母以治喪則乏財可知而不家於喪之言確然不易古人之安貧守禮如此愚謂子柳孔子弟子顏幸下篇所稱顏柳是也子碩子柳之弟其謂葬之器用明器柳翣之屬也何以者言貧無以為葬其欲稱家之有無而從其儉也君子愛其親以及人之親粥人母以葬其母非仁也家於喪謂因喪以為利非義也賻布所以遂死兄弟之貧者亦死者之所矜故以賻布之餘班之緣死者之意以廣其恩也

●君子曰謀人之軍師敗則死之謀人之邦邑危則亡之

一萬二千五百人為軍二千五百人為師大夫死衆謀人之軍師而至於敗則喪師辱國而其義不可以獨生矣春秋晉楚之大夫若成得臣荀林父等皆以軍敗請死蓋此義也亡去國也大夫去國離宗廟去邦族其禍等於失國其哀放于居喪謀人之邦邑危則亡之以見危人之國者亦不敢自保其家亦國亡與亡之義也陳氏祥道曰思其敗之死則無輕軍師思其危之亡則無輕邦邑

○公叔文子升於瑕丘蘧伯玉從文子曰樂哉斯丘也死則我欲葬焉蘧伯玉曰吾子樂之則瑗請前釋文蘧本又作璩其魚反從才用反又如字樂音洛下同一讀下樂五教反瑗于眷反又於願反

鄭氏曰二子衛大夫公叔文子獻公之孫名拔瑗伯玉名則瑗請前刺其欲害人良田愚謂伯玉以文子欲奪人之地以為塋

地故言吾子若樂此則瑗請前行以去示不欲聞其謀也觀於此則公明賈謂公叔文子時然後言義然後取豈其然乎

○弁人有其母死而孺子泣者孔子曰哀則哀矣而難為繼也夫禮為可傳也為可繼也故哭踊有節 釋文弁皮彥反孺而注反傳直專反

鄭氏曰孺子泣言聲無節難繼失禮中也孔氏曰雜記曾申問於曾子曰哭父母有常聲乎曰中路嬰兒失其母何常聲之有與此違者曾子所言是始死之時悲哀志懣未可為節此所言在襲斂之時可以禮制故哭踊有節也

[illegible]校勘記諸本○皆作戶陸閩監毛尸陳氏[illegible]○[illegible]亦其非

○叔孫武叔之母死既小斂舉者出戶 句 出戶袒且投其冠括髮子游曰知禮 釋文括古活反

鄭氏曰叔孫武叔公子牙之六世孫毁仲尼者出戶乃變服失哀節冠素委貌愚謂上云出戶者舉尸者出戶也下云出戶者

武叔出户也始死笄纚至小斂乃加素冠蓋殯斂者喪之大節故不敢以不冠臨之笄纚者所以為變冠者所以為敬也士喪禮小斂卒斂馮尸之後主人至東房袒括髮乃反於室而男女奉尸以俠於堂令武叔袒括髮於舉尸出户之後失禮一也尸既出户乃出户而袒則主人不與於奉尸失禮二也袒括髮既後故不復至東房遂於出户為之失禮三也言投其冠括髮以見其匆遽失禮之甚子游曰知禮者反言以譏之也○雜記小斂環絰君大夫士一也鄭氏云環絰一股而環之小斂時士素委貌大夫素爵弁而加此絰曾子問疏引崔氏說謂小斂前大夫士皆素冠小斂括髮後士加素冠大夫加素弁今以武叔投冠觀之可以見小斂前之有冠又可以見大夫士小斂之同素冠也喪大記言入君大斂子弁絰即位于序端雜記云大夫與

殯亦弁絰與殯弁絰則己喪可知可以見大夫以上喪服之有弁又可以見大夫以上至大斂乃弁絰而未大斂以前猶素冠也至雜記所言小斂環絰及喪大記所言大斂之弁絰皆謂大鬲之苴絰而註疏乃以弔服之環絰弁絰混之則誤甚矣說各見本篇

○扶君卜人師扶右射人師扶左君薨以是舉釋文卜依註音僕師長也僕大僕也本或無師者誤也前儒如字卜人及醫師也

鄭氏曰謂君疾時也卜當為僕聲之誤也僕人射人皆平生時贊正君服位者君薨以是舉不忍變也周禮射人大喪與僕人遷尸　顧氏炎武曰此所謂男子不死於婦人之手也三代之世侍衛僕從罔非正人綴衣虎賁皆為吉士與漢高之獨枕一宦者卧異矣愚謂周書王會解卜人王氏應麟補注引太平御覽謂卜人即濮人蓋卜僕濮古字皆通用也大射禮僕人正徒相大師僕人師相小師正者其長而師者其貳也此於人僕射人

皆言師者言不但以其正而并以其師也君薨以是舉謂始死遷尸於牖下也襲斂遷尸皆喪祝之屬而始死以僕人射人者未復之先猶未忍遽變於生也

○從母之夫舅之妻二夫人相為服君子未之言也或曰同爨緦釋文從才用反夫音扶為于偽反爨緦上七乱反下音思

張子曰甥自幼居從母之家或舅之家孤稚恩養直如父母不可無服所以為此服也非是從母之夫與舅之妻相對乃甥為二人者服也吳氏澄曰禮為從母小功而從母之夫則無服為舅緦而舅之妻則無服時有妻之姊妹之子依從母家同居者又有夫之甥依舅家同居者故一為從母之夫服一為舅之妻服二夫人謂妻之姊妹之子與從母之夫也夫之甥與舅之妻也此二人者相為服禮之所無故曰君子未之言也又記或人

之言以為有同居而食之恩則雖禮之所無而可以義起此服也愚謂上不言妻之姊妹之子下不言夫之甥避文繁也若以從母之夫舅之妻相為服而言則當云妻之兄弟之妻夫之姊妹之夫不當從其甥立文也且此二人者若相與同爨則瀆亂無別甚矣其可訓乎○朱子曰先王制禮父族四故由父而上為族曾祖父緦姑之子姊妹之子女子子之子皆由父而推之也母族三母之父母之母母之兄弟恩止於舅故從母之夫舅之妻皆不為服推不去故也妻族二妻之父妻之母作看時似乎雜亂無紀子細看則皆有義存焉愚謂母黨妻黨之服皆從服也從妻而服者視妻降三等妻為父母期夫從服緦自餘妻之所為大功者降三等則無服矣從母而服者視母降二等外祖父母母為之服期已從服小功舅及舅之子母為之大功子

從服緦惟從母母服大功子從服小功侄降一等喪服傳所謂以名加者也自餘母所為小功者降二等則無服矣母為世叔父母服大功已降二等應服緦而不服者蓋至親以期斷世叔父母之服乃加服也而外親既遠據本服而遞降之則亦無服矣從母之夫母之所不服也舅之妻母為之報服小功者也二者皆無可從者也

○喪事欲其縱縱爾吉事欲其折折爾故喪事雖遽不陵節吉事雖止不怠故騷騷爾則野鼎鼎爾則小人君子蓋猶猶爾釋文縱依註音總折大兮反騷素刀反

鄭氏曰縱讀為總領之總縱縱趨事貌折折安舒貌詩云好人提提陵躐也止立俟事時也怠惰也騷騷謂大疾鼎鼎謂大舒猶猶舒疾之中愚謂喪事固欲其疾然不可以過於急而陵節陵節則不足於禮之文而野矣吉事固欲其舒然不可以過於

緩而怠怠則不足於敬之實而小人矣得舒疾之中者惟君子能之由其内盡乎哀敬之實而外適乎節文之宜也

○喪具君子恥具一日二日而可為者君子弗為也

鄭氏曰喪具棺衣之屬恥具辟不懷也一日二日可為謂絞紟衾冒孔氏曰喪事棺則預造衣亦漸制但不一時頓具故王制云六十歲制七十時制八十月制九十日修惟絞紟衾冒死而後制是也陳氏澔曰嫌不以久生期其親也

○喪服兄弟之子猶子也蓋引而進之也嫂叔之無服也蓋推而遠之也姑姊妹之薄也蓋有受我而厚之者也釋文遠于萬反

鄭氏曰或引或推重親遠嫌姑姊妹之薄欲其一心於厚之者姑姊妹嫁大功夫為之期孔氏曰喪服是儀禮正經記者錄喪服中三事釋之兄弟之子期姑姊妹出適大功皆喪服經文嫂

叔無服喪服傳文愚謂兄弟之子爲世叔父期而世叔父乃旁尊不足以加尊故如其爲己之服以報之猶子謂與己子同也兄弟一體服其子同於己子引而進之所以篤親親之恩也妻爲夫之昆弟姊妹皆應從服者也然爲夫姊妹服小功而姊妹亦報服至夫之昆弟則不從夫而服夫之昆弟亦不報推而遠之所以厚男女之别也姑姊妹之薄謂姑姊妹之適人者由期而降爲大功也受我而厚之謂其夫受姑姊妹於我爲之服齊衰杖期與父在爲母同情篤於夫家則恩殺於本宗此姑姊妹之所以出而降也○吴氏澄曰人有嫂之喪者其父母爲之服大功小功其妻爲之服小功其子爲之服齊衰不杖期豈有己身立於父母妻子之閒而獨同於無服之人哉雖曰無服當弔服加麻不飲酒不食肉不處内如子弟爲師父在爲母之例俟

如當作姒

父母妻子之服既除然後吉服推而遠之文雖殺而情未嘗不除也愚謂喪服記曰朋友麻鄭氏謂弔服加麻奔喪禮云無服而為位者惟嫂叔及婦人降而無服者麻則嫂叔相為弔服加麻禮有明據矣嫂叔雖不制服而哭則為位又弔服加麻則固非恝然同於無服之人也然吴氏謂俟父母妻子之服除而後吉服則父母妻子之為嫂或期或大功或小功將以何為之斷限乎且若從其重者則為昆弟服期而欲嫂叔相為心喪亦皆俟其子之期服除而後復常則情雖甚厚而揆諸制服之義亦已失其差矣凡弔服加麻者既葬除之竊謂嫂叔相為弔服加麻心喪三月卒哭而除視娣如婦之相為小功者而差降焉此固先王之禮也若魏徵謂長年之嫂遇孩童之叔劬勞鞠育情若所生又有不可以常禮槩者故韓愈少鞠於嫂為之服期此

宜大字換寫不得双行

以禮之以義起者也

○食於有喪者之側未嘗飽也（應氏曰食字上疑脱孔子二字）

朱子曰哀有喪不能飽也

○曾子與客立於門側其徒趨而出曾子曰爾將何之曰我父死將出哭於巷曰反哭於爾次曾子北面而弔焉

鄭氏曰徒謂客之旅將出哭於巷者以爲不可發凶於人之館次舍也禮館人使專之若其自有然愚謂徒曾子之徒也聘禮聘君若薨於後入境則遂也赴者未至則哭於巷時曾子之徒蓋亦以赴者未至故欲出哭於巷曾子令反於其舍者以其徒在曾子之家與聘賓在主國之禮異也士喪禮弔賓西面於主人衆主人之南此乃北面而弔焉蓋弔於不爲位者之禮也奔喪禮曰聞喪不得奔喪乃爲位若聞喪即奔（則不爲位矣哭而不爲位則哭者南面弔者北面）

卷九

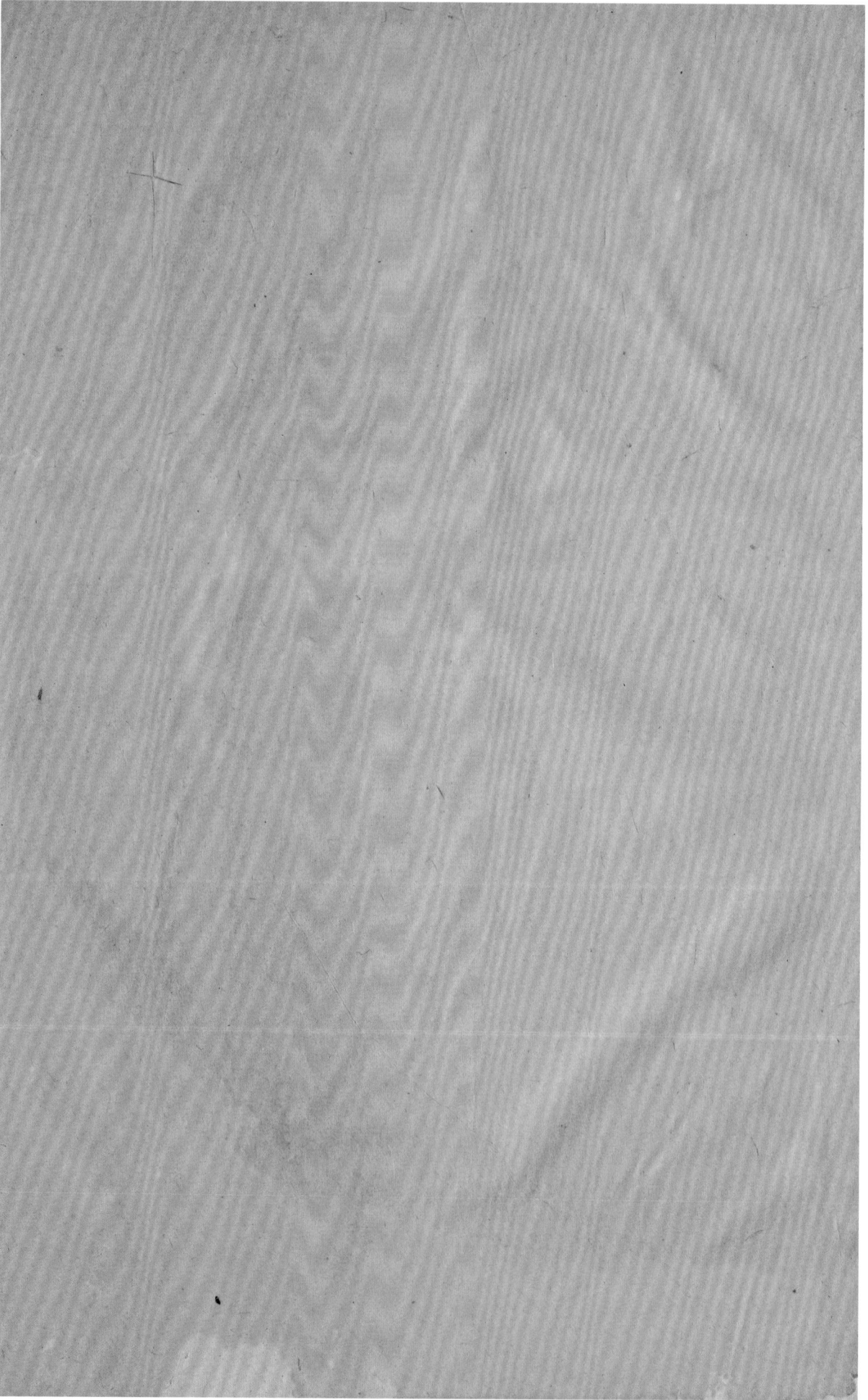

禮記卷九

檀弓上第三之三

瑞安孫希旦集解

孔子曰：之死而致死之，不仁而不可為也；之死而致生之，不知而不可為也。是故竹不成用，瓦不成味，木不成斲，琴瑟張而不平，竽笙備而不和，有鐘磬而無簨虡，其曰明器，神明之也。釋文：知音智。味依註音沬，亡曷反。斲，陟角反。竽笙，上音于，下音生。和，胡卧反。筍息允虡反音巨。

鄭氏曰：成，善也。竹不可善用，謂邊無縢。味當作沬。不和，無宮商之調。無簨虡，不縣之也。橫曰簨，植曰虡。神明之，言神明死者也。神明者非人所知，故其器如此。孔氏曰：沬，黑光也。瓦不成沬，謂瓦器無光澤也。劉氏曰：之，往也，謂以禮往送於死者也。往於死者而極以死者之禮待之，是無愛親之心，故為不仁；往於死者而極以生者之禮待之，是無燭理之明，故為不智。先王為明器以送死者竹器則無縢緣而不成其用瓦器則麤質而不成其黑光之沫木器則樸而不成其彫斲之文琴瑟雖張弦而不平不可彈也竽笙雖備具而不和不可吹也雖有鐘磬而無縣挂之簨虡不可擊也所謂備物而不可用也備物則不致死不可用則不致生其謂之明器者蓋以神明之道待之也

○有子問於曾子曰問喪於夫子乎曰聞之矣喪欲速貧死欲速朽有子曰是非君子之言也曾子曰參也聞諸夫子也有子又曰是非君子之言也曾子曰參也與子游聞之有子曰然然則夫子有為言之也曾子以斯言告於子游子游曰甚哉有子之言似夫子也昔者夫子居於宋見桓司馬自為石椁三年而不成夫子曰若是其靡也死不如速朽之愈也死之欲速朽為桓司馬言之也南宮敬叔反必載寶而朝夫子曰若是其貨也喪不如速貧之愈也喪之欲速貧為敬

叔言之也曾子以子游之言告於有子有子曰然吾固曰非夫子之言也曾子曰子何以知之有子曰夫子制於中都四寸之棺五寸之椁以斯知不欲速朽也昔者夫子失魯司寇將之荆蓋先之以子夏又申之以冉有以斯知不欲速貧也釋文問喪問或作聞喪息浪反朽許又反有為于偽反下為為桓司馬為敬叔剛為之並同朝直遥反

鄭氏曰有子孔子弟子有若也夫子卒後問此庶有異聞也喪謂仕失位也魯昭公孫于齊曰喪人其何稱是非君子之言者貧朽非人之所欲也桓司馬宋向戌之孫名魋靡侈也敬叔孟僖之子仲孫閱蓋嘗失位去魯得反載其寶來朝于君中都魯邑名也孔子嘗為之宰為之作制孔子由中都宰為司空由司空為司寇將之荆將應聘于楚先之以子夏申之以冉有言汲汲於仕得禄也孔氏曰崔靈恩云夫子為司空為小司空也從

小司空為小司寇崔所以知然者魯有孟叔季三卿為司徒司馬司空又有臧氏為司寇故知孔子為小司寇也孔子失司寇在定公十四年之楚在哀六年其間年月甚遠且失司寇之後嚮宋不嚮楚而云失魯司寇將之荆者則哀公六年之荆亦是失司寇之後非謂失司寇之年即之荆也陳氏澔曰將適楚而使二子繼往者將以觀楚之可仕與否愚謂問喪問失位而所以處之之道也孔子之將仕於楚為道也非為祿也而以此為喪不欲速貧何也蓋聖人雖不為祿而仕而仕者未嘗不得祿孟子曰惟士無田則亦不祭士之失位也猶諸侯之失國家也是故三月無君則弔君子雖不拘利而苟祿而亦豈諱語貧賤為高乎

○陳莊子死赴於魯魯人欲勿哭繆公召縣子而問焉縣子曰古之大夫束脩之問不出竟雖欲哭之安得而哭之今之大夫交政於中國

雖欲勿哭焉得而勿哭且臣聞之哭有二道有愛而哭之有畏而哭之公曰然然則如之何而可縣子曰請哭諸異姓之廟於是與哭諸縣氏釋文繆音木竟音境焉於虔反

鄭氏曰君無哭鄰國大夫之禮陳莊子齊大夫陳恒之孫名伯

愚謂雜記有大夫士赴於他國君之禮而莊子之赴魯人欲勿哭蓋諸侯於他國臣之赴但遣使弔之而不親哭爲其分卑而恩疏也縣子名瑣縣子知禮故繆公名而問之修脯也十脡爲束束修微禮尚不出境言其無外交也交政於中國者言政在大夫專盟會征伐之事以交接於諸侯也愛而哭之者出於情畏而哭之者迫於勢齊强魯弱而陳氏專政於齊則其喪固不容於不哭矣左傳魯爲異姓諸侯臨於外杜預謂於城外向其國此哭於異姓之廟者別於哭諸侯之禮也哭諸縣氏者因其

禮之所自起也與孔子哭伯高於賜氏之義同

○仲憲言於曾子曰夏后氏用明器示民無知也殷人用祭器示民有知也周人兼用之示民疑也曾子曰其不然乎其不然乎夫明器鬼器也祭器人器也夫古之人胡為而死其親乎

鄭氏曰仲憲孔子弟子原憲示民無知所謂致死之示民有知所謂致生之示民疑言使民疑於無知與有知仲憲之言三者皆非孔氏曰原憲言夏后氏用明器送亡者以不堪用之器送之表示其無知也殷人用祭祀之器送亡者以有用之器送之表示其有知也周世兼用夏殷之器示民疑惑於有知無知之閒也曾子言三代送死之器不同者非為有知與無知質文異也夏代文言鬼與人異故純用鬼器送之殷代質言鬼雖與人異恭敬應同故用恭敬之器送之周家極文言亡者亦應鬼事

亦應敬事故兼用二器然周惟大夫以上兼用耳士惟用鬼器不用人器也古謂夏時也言古人雖質何容死其親乎若是無知則是死之義也憲言三事皆非而曾子獨譏無知者譏一則餘從可知也

○公叔木有同母異父之昆弟死問於子游子游曰其大功乎狄儀有同母異父之昆弟死問於子夏子夏曰我未之前聞也魯人則為之齊衰狄儀行齊衰今之齊衰狄儀之問也 釋文木式樹反又音朱徐之樹反

鄭氏曰木當為朱春秋作戍衛公叔文子之子愚謂齊衰者以昆弟之服服之也大功者視昆弟降一等而服之也然昆弟之名從同父而生一本之親也同母異父昆弟一為繼父之子一為因母前所生之子此雖名為昆弟實非昆弟也絕族無施服母嫁而從者為之杖期而其父母則不服則必不從而服其子矣

儀礼喪服傳繼母之配父与因母同注因猶親也

繼父有子則為不同居繼父僅為之齊衰三月則必不為其子服齊衰大功矣必不得已援同爨緦之義服之視齊衰三月者而差降焉其亦可已若不從母者則其所生之子乃路人也何服之有狄儀不可考公叔木衛之大夫必不從母而嫁且為父後者出母且不服又何異父同母兄弟之服乎魯為秉禮之國二子學於聖人而其繆於禮乃如此殊不可解也

子思之母死於衛柳若謂子思曰子聖人之後也四方於子乎觀禮子蓋慎諸子思曰吾何慎哉吾聞之有其禮無其財君子弗行也有其禮有其財無其時君子弗行也吾何慎哉釋文蓋無音今按當音盍何不也

子思之母嫁母也嫁母無服故柳若戒以不可不慎而子思自言其時之不得行禮者以答之蓋禮所不得為則雖欲慎之而無可慎也故曰吾何慎哉○漢石渠議問父卒母嫁何服蕭太

校五禮通考引通典行

傳曰當服周為父後則不服常元成曰父沒則母無出義王者不為無義制服故不服也宣帝詔曰婦人不養舅姑不奉祭祀不下慈子是自絕也故聖人不為制服元成議是也愚謂喪服期杖章父卒繼母嫁從為之服而不言母嫁不從者之服則不服也出母服嫁母不服何也蓋出母者見絕於父不得已而去者也命之反則反矣猶未自絕於其夫與其子也嫁母者父未嘗絕之而彼乃自絕於其夫且自絕於其子則其與出母之不得已而去者不同矣惟其夫死子幼無大功之親不得已挾其子以適人則其情既可原而又有撫養之恩焉然後為之服然猶止於杖期不得以父沒為母齊衰三年之服服之也喪服於母嫁而從者之服特言繼母蓋但言母則嫌繼母嫁而從者之猶不服耳非謂因母嫁而從者之服又有加於此也母嫁而從

者為之杖期則嫁而不從者必不亦為之杖期矣降此則或為旁親遞降之服或為正尊親遠之服又皆非所以服其母也先儒欲以出母之服例諸嫁母誤矣

○縣子瑣曰吾聞之古者不降上下各以其親滕伯文為孟虎齊衰其叔父也為孟皮齊衰其叔父也釋文璅息果反依字作瑣滕徒登反為于偽反

鄭氏曰古謂殷時也上不降遠下不降卑伯文殷時滕君也爵為伯名文孔氏曰周禮以貴降賤以適降庶惟不降正耳殷世以上雖貴不降賤也上謂旁親族曾祖從祖及伯叔之班下謂從子從孫之流彼雖賤不以己尊降之各隨本屬之輕重而服之虎是滕伯文叔子(父)孟皮是滕伯兄弟之子滕伯是皮之叔父滕伯上為叔父下為兄弟之子皆著齊衰是上不降遠下不降卑也朱子曰夏殷而上大概只是親親長長之意到周來又添

出許多貴貴底禮數如始封之君不臣諸父昆弟封君之子不臣諸父而臣昆弟期之喪天子諸侯絕大夫降然諸侯大夫尊同則亦不絕不降姊妹嫁諸侯者則亦不絕不降此皆天下之大經前世所未備到周公搜剔出來立為定制更不可易

○后木曰喪吾聞諸縣子曰夫喪不可不深長思也買棺外內易我死則亦然釋文易以豉反

鄭氏曰后木魯孝公子惠伯鞏之後買棺孝子之事非所託孔氏曰案世本孝公生惠伯革其後為厚氏世本云革此云鞏世本云厚此云后其字異耳惠伯之子孫無名木者故鄭直云其後縣子言孝子居喪不可不深思長慮故買棺之時當令精好斲削內外使之平易后木述之以語其子言我死亦當如縣子之言買棺外內易也此是孝子所為之事非是父母豫所屬託

識后木也愚謂王制言六十歲制則棺固不俟死而後具矣據此則有死而後買棺者豈謂貧而不能預具者與

○曾子曰尸未設飾故帷堂小斂而徹帷仲梁子曰夫婦方亂故帷堂小斂而徹帷釋文帷意悲反

鄭氏曰斂者動摇尸帷堂恐人褻之言方亂非也仲梁子曾人

愚謂仲梁子疑即韓非書所謂仲梁氏之儒者帷堂有二時一則將襲帷堂既小斂而徹帷一則將大斂帷堂既斂而徹帷此據襲與斂時帷堂而言也設飾謂襲斂也襲斂必動摇尸恐人褻之故帷堂夫婦方乱謂男女同在尸側未分堂上堂下之位也然男女奉尸俠於堂主人主婦馮尸在小斂徹帷之後則帷堂之不為夫婦方乱明矣

小斂之奠子游曰於東方曾子曰於西方斂斯席矣小斂之奠在西

方魯禮之末失也

鄭氏曰曾子以俗説非又大斂奠於堂疏云當云奠於室此後人傳寫之誤乃有席愚謂士喪禮小斂奠於尸東尸南首尸東尸之右也凡奠於尸者必於其右象生人以右手食也曾子謂在西方非也小斂奠無席是時尸在牀牀本有席故也至大斂尸已在柩而設奠在室然後設席言小斂有席亦非也末猶後也魯末禮失曾子見當時所行以為禮本如此故記者言此以正之

○縣子曰綌衰繐裳非古也釋文綌衰上去逆反下七回反繐音歲布細而踈曰繐

鄭氏曰非時尚輕涼慢禮愚謂綌麤葛也繐縷如小功而成布四升半者諸侯之大夫為天子用之為齊周末喪服不依五服升數但以輕細為貴故以綌為衰以繐為裳非禮也

○子蒲卒哭者呼滅子皐曰若是野哉哭者改之釋文皐音高

鄭氏曰：滅，蓋子蒲名。野哉，非之也。唯復呼名。子皐，孔子弟子高柴。孔氏曰：野，不達禮也。唯復呼名，與其聞名而反哭，則敬鬼神不復呼其名。愚謂此哭者蓋子蒲之尊屬，非子蒲之子，哭其父呼滅也。

○杜橋之母之喪，宮中無相，以為沽也。釋文：相，息亮反。沽音古。

鄭氏曰：沽，麤略也。孔氏曰：禮，孝子喪親，悲迷，禮節事儀皆須人相導。杜橋母死，不立相，故時人謂其於禮為麤略。

○孔子曰：始死，羔裘玄冠者，易之而已。羔裘玄冠，夫子不以弔。釋文：易音亦，徐以豉反。

喪大記「疾病，男女改服」，謂改其養疾之元端而深衣也。問喪云「親始死，扱上衽」，但言扱上衽而不言改衣，則前此已深衣，而至此特扱其衽明矣。此始死乃有羔裘元冠者，謂疏親不與於養，至死而方以吉服至者也。易之者，改而素冠深衣也。羔裘元冠

若至也係小注用双行小字接十二年下寫

吉服也弔於未成服之前者皆吉服以主人尚未喪服也主人既成服則不以吉服弔矣羔裘不以弔則弔衰皆襲麑裘也

○子游問喪具夫子曰稱家之有亡子游曰有亡惡乎齊夫子曰有毋過禮苟亡矣斂首足形還葬縣棺而封人豈有非之者哉釋文稱尺證反亡皇如字一音無惡音烏齊才細反又如字毋音無還音旋斂力驗反縣音懸封依註作窆彼驗反徐又甫鄧反鄭氏曰惡乎齊問豐省之比還之言便也言已斂即葬不待三月縣棺而葬不設碑繂不備禮封當為窆下棺也春秋傳作堋疏云左傳昭十二年鄭簡公卒將為葬除司墓之室有當道者毀之則朝而堋弗毀則日中而堋杜註云堋下棺也孔氏曰縣棺而葬謂但手縣棺而下之同於庶人愚謂稱隨也亡無也齊謂厚薄之劑量也毋過禮者不可以富而踰禮厚葬也斂藏也斂首足形謂衣衾足以藏形體而已襲不必三稱小斂不必十九稱大斂不必

三十稱也還葬斂畢即葬不待三月也士葬雖無碑而用繂以引棺使人卻行而下之縣葬而窆者謂不用繂而卻行下棺但以繩縣棺而下之庶人之禮也此所言謂甚亡者之禮然也其餘則亦各視其禮之所當為極其力之所能為者具之而已力之所不能及者人固不之責也蓋君子雖不以天下儉其親然無財不可以為悅苟必期於備禮則將有取之以非義如粥庶母以葬母者矣亦豈所以安其親哉

○司士賁告於子游曰請襲於牀子游曰諾縣子聞之曰汏哉叔氏專以禮許人釋文賁音奔汏本又作大音泰

鄭氏曰請襲於牀以時失之也禮唯始死廢牀當言禮然言諾非也叔氏子游字孔氏曰案喪大記始死廢牀至遷尸反襲皆在於牀當時失禮襲在於地故司士賁告子游汏自矜大也叔

氏子游别字也凡諸禮事當據禮以答之子游不據禮以答而専輒許諾之如似禮出於已然是自矜大故縣子聞而譏之愚謂司士夏宫之屬賁盖以官為氏者

○宋襄公葬其夫人醯醢百甕曾子曰既曰明器矣而又實之釋文醯音海醢呼兮反甕烏弄反

鄭氏曰言名之為明器而與祭器皆實之是乱鬼器與人器孔氏曰案春秋宋襄公卒在僖公二十三年至文公十六年猶有襄夫人在此云宋襄公葬其夫人者盖初取夫人曽子不譏其器之多但譏其實為非盖明器當虚而與祭器皆實是乱鬼器與人器也士無祭器則亦實明器故既夕禮云甕三醯醢屑又云甒二醴酒也若大夫諸侯兼用鬼器人器則空鬼而實人夏后氏専用鬼器則分半以實之殷人専用人器則分半以虚之

援注訂

○孟獻子之喪司徒旅歸四布夫子曰可也

鄭氏曰獻子魯大夫仲孫蔑旅下士也司徒使下士歸四方之賻布時人皆貪善其能廉愚謂周禮宰夫諸大夫之喪使其旅帥有司而治之宰夫在天子為冢宰之考諸侯以司徒兼冢宰則宰夫屬於司徒其治大夫之喪者乃司徒之旅也故主為孟氏歸四布四布謂四方之賻布歸之者以喪用之餘還其人也可也者善其不家於喪○司徒皇氏以為國之司徒熊氏以為家臣之司徒左傳昭二十四年叔孫有司馬鬷戾既有司馬則亦有司徒但此司徒有旅則疑家之司徒耳孔氏以司徒為家臣司徒敬子又謂魯司徒為季氏季氏無謚敬子者以此駁皇氏之說案記但言司徒初不言司徒敬子而疏說如此殊不可解也

○讀賵曾子曰非古也是再告也

主人之史請讀賵執算从柩東當前東西面見儀禮既夕

鄭氏曰祖而讀賵賓致命將行主人之史又讀之所以存録之

愚謂以車馬送死者曰賵讀賵謂書賵物於方將行主人之史當柩東前東讀之也然致賵之賓奉幣嚮殯將命是已告於死者矣至將行而又讀之故曾子以為再告古謂殷時也殷禮不讀賵至周禮始有之而曾子譏其禮之繁也

○成子高寢疾慶遺入請曰子之病革矣如至乎大病則如之何子高曰吾聞之也生有益於人死不害於人吾縱生無益於人吾可以死害於人乎哉吾死則擇不食之地而葬我焉釋文遺于季反又如字革紀力反

鄭氏曰成子高齊大夫國成伯高父也遺慶封之族革急也不食謂不墾耕愚謂大病謂死也子高之為人薄葬尚儉蓋近於墨氏之意然以視夫樂瑕丘而欲葬焉為石槨而三年若不亦賢乎

○子夏問諸夫子曰居君之母與妻之喪居處言語飲食衎爾釋文衎若苦旦反陳氏曰喪下當有如之何子曰

鄭氏曰衎爾自得貌爲小君喪惻隱不能至陳氏澔曰君母君妻皆服齊衰不杖期然恩義則淺矣故居其喪如此衎爾和適之貌

○賓客至無所館夫子曰生於我乎館死於我乎殯

論語曰朋友死無所歸於我殯蓋生而無所館則館之死而無

焉儀礼本作也

所歸則殯之聘禮賓入竟而死遂焉主人爲之具而殯客死於館而使之就而殯焉館人之禮然也

○國子高曰葬也者藏也藏也者欲人之弗得見也是故衣足以飾身棺周於衣椁周於棺土周於椁反壤樹之哉釋文壤而丈反

鄭氏曰國子高成子高也成謚也子高意在於儉非周禮孔氏曰子高之意以人死可惡故備衣衾棺椁欲其深邃不使人知不當更封壤種樹以標之意在於儉非周禮之法愚謂衣足以飾身言僅足以飾身使勿露而已不必多也棺周於衣椁周於

棺言僅足以周其外而已不為大也周禮典瑞斂尸用圭璋璧琮之屬朱子謂周公要是未思量耳盖椎埋發冢之事周公時尚未有之宜其慮未及此也莊子言儒以詩禮發冢而子高之言如此亦若有預防及此者豈陵冢發掘之禍當時已有其端與

○孔子之喪有自燕來觀者舍於子夏氏子夏曰聖人之葬人與人之葬聖人也子何觀焉釋文燕烏田反○案與字鄭注訓為及如字讀下屬為句故釋文無音王肅讀平声屬上句今從之

王氏肅曰若聖人之葬人與則人庶有異聞若人之葬聖人與凡人何異而子何觀之陳氏澔曰延陵季子葬其子夫子尚往觀之孔子之葬燕人來觀亦其宜也子夏以為聖人葬人則事皆合禮人葬聖人則未必皆合於禮也盖謙辭

按注疏訂

按家語小同

昔者夫子言之曰吾見封之若堂者矣見若坊者矣見若覆夏屋者矣見若斧者矣從若斧者焉馬鬣封之謂也今一日而三斬板而已

封尚行夫子之志乎哉釋文坊音防鬣力輒反

鄭氏曰封築土為壟堂形四方而高坊形旁殺平上而廣覆謂茨瓦也夏屋今之門廡也其形旁廣而卑斧形旁殺刃上而長孔子以為刃上難登狹又易為功故從若斧者馬鬣封俗閒名板蓋廣二尺長六尺斬板謂斬其縮也三斬止之旁殺蓋高四尺其廣袤未聞也賈氏公彥曰案匠人夏后氏世室殷人重屋四阿鄭云四阿四注殷人始為四注則夏后氏屋但兩下為之故兩下屋名為夏屋漢時門廡為兩下之形故鄭舉漢法為況孔氏曰子夏言夫子欲從若斧者恐燕人不識故舉俗稱馬鬣封以語之馬駿鬣之上其肉薄封形似之三斬板者築墳之法側板於兩邊用繩約板令立內土板中築之土與板平則斬斷所約板繩而更置三徧如此則墳成而已止其封也板廣二尺三

板斜殺惟高四尺耳其東西之廣南北之袤則未聞也孫毓云孔子墓曾城北門外西墳四方前高後下形似卧斧高八九尺全無馬鬣封之形不止於三板孫據當時所見其墳或後人增益不與原葬墳同

○婦人不葛帶

敖氏繼公曰婦人指五服之親言也閒傳云男子重首婦人重要婦人質故於其所重者有除無變其三年者至小祥而除之齊衰期以至小功則皆終喪而除之其緦麻者卒哭既退而除之愚謂帶要絰也凡絰男子重首婦人重要喪至卒哭而變麻服葛男子首絰要絰皆變之婦人則變首絰而要絰不變蓋婦人質須於所重者有除無變也五服皆然注疏惟據齊斬婦人言之非也此言婦人不葛帶少儀云葛絰而麻帶士虞記婦人說

首絰不說帶皆非專為齊斬婦人言也婦人雖不葛帶而其受服之絰大小與初喪之帶同卒哭之帶必去其故帶五分之一乃得與其絰為大小之差也

○有薦新如朔奠

鄭氏曰重新物為之盛饌又士喪禮註曰薦新薦五穀若時果物新出者孔氏曰大夫以上朔望大奠若士但朔而不望敖氏繼公曰新謂穀之新熟者也春秋傳云不食新矣少儀云未嘗不食新皆指五穀而言愚謂薦新以五穀為主而兼及他物若月令以雛嘗黍羞以含桃是也殯後朝夕奠醴酒脯醢而已朔奠視大斂士則特牲三鼎其禮盛象生人朔食則盛饌也若薦新穀於殯宮其禮與朔奠同也

○既葬各以其服除

鄭氏曰卒哭當變衰麻者變之或有除者不視主人愚謂既葬各以其服除者謂既葬卒哭則緦麻除服小功以上亦皆除其重服而受以輕服也

○池視重霤釋文重直容反

鄭氏曰池如屋之有承霤也承霤以木為之用行水亦宫之飾也柳宫象也以竹為池衣以青布縣銅魚焉今宫中有承霤云以銅為之孔氏曰池柳車之池也在車覆鼈甲之下織竹為之形如籠衣以青布以承鼈甲名之為池重霤者屋承霤也以木為之屋霤入此木中又從木中而霤於地故謂為重霤天子四注四面為重霤諸侯四注去後餘三大夫惟前後二士惟一在前柳車象宫室池象重霤方面之數各視生時重霤

○君即位而為椑歲一漆之藏焉釋文椑蒲歷反徐房益反漆音七

鄭氏曰歲一漆之若未成然藏焉虛之不令見孔氏曰君諸侯也言諸侯則王可知椑杝棺親尸者漆之堅強甓甓然也人君無論少長體尊備物故即位而造此棺每年一漆示如未成也惟云漆杝則知不漆杝棺外屬等藏焉棺中不欲空虛如急有待也故藏物於其中

○復楔齒綴足飯設飾帷堂並作釋文楔悉節反綴竹劣反又音竹衛反飯煩晚反

復招魂也楔齒以角柶拄死者之口使含時不閉也綴足以燕几綴死者之足令著屨不辟戾也飯以米貝實死者口中也設飾謂襲也帷堂張帷於堂上也作起也並作者謂以上諸事一時並起也案士喪禮復後而楔齒綴足乃帷堂又沐浴乃含而襲此以復楔齒綴足飯設飾帷堂為次者蓋含襲雖在帷堂沐浴之後而陳襲事於房中實貝於笲實米于筐饌于西序下皆

在沐浴之前故以飯設飾綴楔齒綴足言之帷堂雖在飯含前而徹帷則在小斂之後故退在下以見意

○父兄命赴者

孝子喪親悲痛迷乱故凡赴告之人皆父兄為命之惟赴於君則親命敬君也士喪禮乃赴于君主人西階東南面命赴者拜送是也

○君復於小寢大寢小祖大祖庫門四郊

鄭氏曰尊者求之備亦他日所嘗有事賈氏公彥曰尊者求之備故凡嘗所有事之處皆復焉卿大夫以下復自門以內廟及寢而已婦人無外事自王后以下復處亦自門以內廟及寢而已愚謂小寢燕寢也大寢正寢也天子小寢五正寢一諸侯小寢二正寢一小祖四親廟大祖大廟也庫門諸侯之外門也始

於小寢而終於四郊自內以及外也周禮夏采掌以冕服復于大廟以乘車建綏復于四郊隸僕復于小寢大寢祭僕復于小廟諸侯復于庫門則天子皋門亦當復矣其亦夏采為之與

○喪不剝奠也與祭肉也與釋文剝邦角反與音餘

鄭氏曰剝倮也有牲肉則巾之為其久設塵埃加也脯醢之奠不巾孔氏曰剝猶倮露也喪奠脯醢不設巾可得倮露與語辞謂喪不倮露奠者為有牲肉也案士喪禮小斂陳一鼎既奠于尸東祝受巾巾之是有牲肉則巾之也士喪禮又云始死脯醢醴酒奠于尸東無巾又殯後朝夕奠脯醢醴酒如初設不巾是脯醢醴酒不巾也案既夕禮朝廟之奠巾之此亦脯醢之奠巾之者以其在堂恐塵埃此脯醢之奠不巾者據室內也愚謂有牲肉則牲肉與醴酒皆巾之以其禮盛也無牲肉而但有脯醢

則脯醢與醴酒皆不巾以其禮畧也

○既殯旬而布材與明器

鄭氏曰木工宜乾腊且豫成材椁材也孔氏曰布班也殯後十日而班布告下覔椁材及明器之材或云布其木預暴乾之士喪禮筮宅吉左還椁献明器之材于殯門外是也

○朝奠日出夕奠逮日釋文逮音代又大計反

喪既殯以後未葬以前每日朝夕設奠於殯宫逮及也逮日及日之未入也朝夕奠以象生人之朝夕食生人日已出而朝食日未入而夕食故奠之時亦放之

○父母之喪哭無時使必知其反也

鄭氏曰謂既練或時為君服金革之事反必有祭孔氏曰哭無時有三種一是未殯之前哭不絶聲二是殯後除朝夕哭之外

校注添可九字

廬中思憶則哭三是小祥之後哀至則哭或一日二日而無朝夕之時也此云哭無時謂小祥之後也使謂君使之也既小祥可為君使禮運云三時之喪期不使公羊傳亦期不使期內不使則期外可使也反還也為使還家必當設祭告親令知其反亦出必告反必面之義也

○練練衣黃裏縓緣葛要絰繩屨無約角瑱鹿裘衡長袪袪裼之可也

釋文縓元絹反緣悅絹反要絰一遙反下大結反約其俱反瑱吐練反衡依註作橫華彭反下衡三同袪起魚反一音卻據反裼音昔

鄭氏曰小祥練冠練中衣以黃為內縓為飾黃之色卑於纁縓之類明外除瑱充耳也吉時以玉人君以瑱衡當為橫字之誤也袪與褎緣袂口也練而為裘橫廣之又長之又為袪則先時狹短無袪可知吉時麛裘孔氏曰練小祥也小祥而著練冠練中衣故曰練也練衣者練為中衣黃裏者黃為中衣裏也正服

不可變中衣非正服但承衰而已故小祥而為之黄裕裏也縓為淺絳色縁謂中衣領及褎縁也裏用黄而領縁用縓者領縁外也明其外除故飾見外也葛要絰者小祥男子去首絰惟餘要絰也繩屨者謂父喪菅屨卒哭受齊衰蒯藨屨至小祥受大祥麻繩屨也約屨頭飾也吉有喪無瑱充耳人君吉時用玉為之初喪亦無至祥微飾以角為之冬時衣裏有裘吉時貴賤有異喪時則同用大鹿皮為之鹿白色與裘相宜也衡横也袪褎縁口也小祥之前裘狭而短袂又無袪至小祥稍飾則更易作横廣大者又長之又設其袪也愚謂小祥謂之練者始練大功布為冠也喪冠不練故喪服傳冠六升鍜而勿灰為父小祥冠八升為母冠九升皆加灰練之以其祭言之曰小祥以其冠言之曰練練衣者練大功布為中衣也為父祥衰七升為母衰八

升皆不練其中衣升数與衰同而加灰練之又染為黃為之裏以其在内可差飾也縓淺絳色爾雅一染謂之縓緣中衣之緣也喪服傳曰帶緣各視其冠練中衣之緣亦用其冠之布為之而染為練[縓]色蓋吉時中衣之緣皆以采色為之始喪無采至是而漸飾也中衣與深衣同制然深衣禪而練中衣有裏則吉服中衣有裏可知葛要絰者卒哭變麻服葛至練除首絰而要絰猶在也繩屨大功之屨也斬衰始喪菅屨卒哭受以不杖齊衰之疏屨既練受以大功繩麻屨為母始喪藨屨卒哭受以大功繩麻屨至練而無変也約屨頭飾也喪屨無約去飾也瑱吉時人君以玉大夫士以玉之似石者初喪去瑱練貴賤同用角為之貶於吉也裘之袂口以他物飾之詩言羔裘豹袪是也前此雖有裘而短狹無袪至練而横廣之又長之又飾其袪也裼者

袒上服之袪而露其中衣也袪裼之可也者裼為見美吉時以裼為常有為焉則襲喪事以襲為常有為焉則袒小祥裘既有袪差向文飾則雖裼而露其中衣亦可也

○有殯聞遠兄弟之喪雖緦必往非兄弟雖鄰不往

鄭氏曰兄弟必往親骨肉也雖鄰不往䟽無親也愚謂遠兄弟謂不同居者也三年之喪不以弔惟兄弟之喪雖緦必往蓋以已為之有服而往哭之非弔也雜記曰三年之喪雖功衰不弔如有服而將往哭之則服其服而往

○所識其兄弟不同居者皆弔

皇氏曰此別更起文不連有殯之事愚謂所識謂所知識也知生者耶故所識之人其兄弟之不同居者死皆往而弔之

○天子之棺四重水兕革棺被之其厚三寸杝棺一梓棺二四者皆周

釋文重直龍反被皮寄反厚胡豆反廣度
厚薄曰厚皆同此音杝羊支反梓音子

鄭氏曰天子之棺四重尚深邃也杝棺所謂椑棺也爾雅曰杝椵梓棺二所謂屬與大棺周帀也凡棺用能溼之物愚謂天子之棺四重者一物為一重四物則四重也此與數席之重數同水兕革棺蓋以木為榦以水牛兕牛之皮為之表裏合之而其厚三寸也被之者言其最在内而被體也二牛之皮堅而耐溼故用之以為親身之棺杝棺即椑也以杝木為之梓棺謂屬與大棺皆以梓木為之四者皆周言其皆并有底蓋也上言四重而下言四者此一物為一重明矣喪大記曰君大棺八寸屬六寸椑四寸上大夫大棺八寸屬六寸下大夫棺六寸屬四寸士大棺六寸是大棺皆以二寸為差天子大棺宜一尺併屬六寸椑四寸水兕革棺三寸凡厚二尺三寸也

棺束縮二衡三衽每束一。釋文衽而審反又而鴆反鄭註衽或作漆或作髹

鄭氏曰衡亦當為横衽今小要愚謂古棺無釘用皮束之縮縱也縱者二以固棺之首尾與底蓋之材也横者三以固棺之兩旁與底蓋之材也衽小要也其形兩頭廣中央小似深衣之衽故名焉鑿棺身與蓋合際處作坎内小要其中以連之衽與束相值每束之處用一衽亦縮二横三也此謂天子棺制也諸侯亦然喪大記君三衽三束大夫士二衽二束

柏棺以端長六尺

鄭氏曰以端題湊也其方蓋一尺孔氏曰天子槨用柏諸侯松大夫柏士雜木鄭註方相職云天子椁柏黄腸為裏而表以石焉端猶頭也積柏材作椁並葺材頭也椁材並從下壘至上始為題湊湊鄉也言木之頭相鄉而作四阿也長六尺者每段

長六尺而方一尺知方一尺者以庶人四寸之棺五寸之椁椁厚於棺一寸案喪大記君大棺八寸則天子之大棺或當九寸愚謂諸侯與上大夫大棺八寸大夫士六寸庶人四寸每以二寸為差則天子大棺一尺也以椁厚於棺一寸差之則棺六寸者椁七寸棺八寸者椁九寸棺一尺者椁尺有一寸與

○天子之哭諸侯也爵弁絰紂衣或曰使有司哭之為之不以樂食釋文紂本又作緇又作純同側其反為于偽反

鄭氏曰服士之祭服以哭之明為变也或曰使有司哭之非也哀戚之事不可虛為之不以樂食蓋謂殯斂之閒愚謂哭諸侯謂遥哭之也爵弁以爵色帛為之紂與緇同黑色帛也爵弁紂衣即周禮司服所謂帛弁服也絰弔服之葛絰也爵弁紂衣而加絰蓋天子弔于未成服之服故哭諸侯亦用之士弔於未成

服之前朝服加經諸侯大夫皮弁加經天子爵弁服加經禮之差也司服王為諸侯緦衰此謂巡守所至遇有諸侯之喪或諸侯來朝薨於王國而弔之于成服之後者若薨於其國赴於王而哭之則聞喪即哭故用未成服之弔服也哀戚之事非可代為之者或言使有司哭之非也大宗伯朝覲會同則為上相王哭諸侯亦如之則非使人代哭明矣內宗大喪序哭者哭諸侯亦如之外宗大喪叙內外朝莫哭者哭諸侯亦如之則諸侯與王有服者又當為位而哭之也為之不以樂食此又記者之言也大司樂諸侯薨令去樂大臣死令弛縣弛縣者久而去樂者暫蓋諸侯雖尊然其為人衆而其情亦視內臣為稍疏故其降殺如此王為公卿當如諸侯之為卿大夫比卒哭不舉樂其為諸侯蓋比殯不舉樂與諸侯之喪赴告之及於王必在既殯之

後盖即以聞喪之日斷爲之限與陳氏祥道曰士之服止於爵弁而荀卿云士韋弁孔安國曰雀弁爵韋也則爵弁即韋弁耳古文弁字形象其制上銳如合手然韋其質爵其色也敖氏繼公曰考經傳物色之言爵者惟爵韠爵韋耳若布與絲則不聞以爵名豈爵弁果以韋爲之與愚謂司服云凡兵事韋弁服詩云韎韐有奭以作六師是韋弁服配韎韐士冠禮爵弁亦配韎韐是爵弁即~~爵~~韋弁明矣國之大事在祀與戎韋弁之尊次於冕故軍事服之士不得服冕則以此爲上服而服之以助祭焉

據疏訂

○天子之殯也菆塗龍輴以椁加斧于椁上畢塗屋天子之禮也釋文菆才官反輴敕倫類反

鄭氏曰菆木以周龍輴如椁而塗之天子殯以龍輴畫轅爲龍車斧謂之黼白黑文也以刺繡於緣幕上加椁以覆棺已乃屋其

上盡塗之孔氏曰菆叢也用木菆棺而四面塗之故云菆塗也龍輴者殯時用輴車載柩而畫轅為龍也以椁者亦題湊菆木象椁之形也斧謂繡覆棺之衣為斧文也先菆四面為椁使上與棺齊而上猶開以棺衣從椁上入覆於棺故云加斧于椁上也畢塗屋者畢盡也斧覆既竟又四注為屋覆上而下四面盡塗之也愚謂菆塗龍楯以椁者天子之殯以龍輴載柩其外菆木四周象葬時之椁然也加斧于椁上謂用夷衾以覆棺其上畫為斧文也喪大記曰君錦冒黼殺大夫元冒黼殺士緇冒赬殺自小歛以往用夷衾夷衾質殺之裁猶冒也是君之夷衾畫黼也既夕禮幠用夷衾賈疏云夷衾本擬覆棺故歛不用則殯時用夷衾覆棺明矣畢塗屋者菆木與棺齊以夷衾從椁上入覆於棺乃以木題湊而盡塗之屋者言其題湊之狀中高而四

下象屋之形也左傳宋葬文公椁有四阿言其僭天子也天子椁有四阿其葢塗象椁亦為四阿可知

○唯天子之喪有別姓而哭釋文別彼列反

鄭氏曰使諸侯同姓異姓庶姓相從而為哭位別於朝覲來時朝覲爵同同位愚謂別姓而哭謂分別同姓異姓之諸侯而為哭位也喪大記既正尸子坐于東方卿大夫父兄子弟立于東方有司庶士哭于堂下北面夫人坐于西方內命婦姑姊妹子姪立于西方外命婦率外宗哭于堂上北面士喪禮主人入坐于牀東衆主人在其後西面婦人俠牀東面親者在室衆婦人户外北面衆兄弟堂下北面此未小斂以前之哭位也又士喪禮朝夕哭婦人即位于堂南上哭丈夫即位于門外西面北上外兄弟在其南南上賓繼之北上門東北面西上門西北面東

上西方東面北上主人即位辟門婦人拊心不哭主人拜賓旁三右還入門哭婦人踊主人堂下直東序西面兄弟皆即位如外位卿大夫在主人之南諸公門東少進他國之異爵者門西少進門外之西方東面者士也士在門外在西方東面則在門內亦然不言者從可知也此雖朝夕哭位其實自小斂以後已然諸侯朝夕哭位雖不可考然未小斂以前諸侯哭位與士禮大畧不殊則朝夕哭位亦然其異者士禮門東之位在諸侯當為寄公之位士禮門西之位在諸侯當為鄰國弔賓之位士禮丈夫外兄弟卿大夫各不相統而諸侯則諸臣西面立位皆北上而統於君耳是自諸侯以下皆無別姓而哭之法也天子之喪公卿大夫之位宜亦與諸侯以下無異此之別姓而哭惟諸侯之位則同姓者在門東異姓者在門西而皆東上也

○魯哀公誄孔丘曰天不遺耆老莫相予位焉嗚呼哀哉尼父釋文誄力軌反耆巨支反相息亮反父音甫

稱孔丘者君臣之辭也耆老謂孔子相助也言孔子死而無助我之位者傷之之辭也尼父孔子之字也孔子無謚而為誄誄之不必有謚於此見矣按左傳哀公誄孔子曰旻天不弔不憖遺一老俾屏予一人以在位煢煢余在疚嗚呼哀哉尼父無自律子贛曰生不能用死而誄之非禮也稱一人非名也與此所載不同大約檀弓所載與左氏不同者皆當以左氏為確

○國亡大縣邑公卿大夫士皆厭冠哭於大廟三日君不舉或曰君舉而哭於后土釋文縣郡縣之縣厭于葉反大音泰

鄭氏曰軍敗失地以喪歸也厭冠今喪冠其服未聞后土社也

愚謂縣邑之大者左傳克敵者上大夫受縣下大夫受郡公四

命之孤也厭冠蓋即素冠其制猒伏與喪冠同也其服則素服周禮大司馬師不功則厭而奉主車下篇云軍有憂則素服哭於軍門之外則此厭冠當素服明矣殺牲盛食曰舉軍敗失地以喪禮處之故羣臣皆厭冠哭於大廟三日君又為之三日不舉也必哭於大廟者以土地人民受之先祖故也后土社也或言君舉而自往社中哭之以社主土故也應氏鏞曰曰舉者非也

〇孔子惡野哭者（釋文惡烏路反）

鄭氏曰為其變衆周禮銜枚氏掌禁嗃呼嘆嗚於國中者行歌哭於國中之道者張子曰有服者之喪不哭於家而哭於野是惡凶事也所知當哭於野又若奔喪者安得不哭於道

見下也

〇未仕者不敢稅人如稅人則以父兄之命（釋文稅始銳反）

鄭氏曰不專家財也稅謂遺于人稅以財物助喪事也陳氏澔

曰未仕者身未尊顯故内則不可專家財外則不可私恩惠或有情義之所不得已而當遺者則稱父兄之命而行之愚謂稅謂以財物助人喪事即所謂賻也

○士備入而后朝夕踊

鄭氏曰備盡也國君之喪嫌主人哭入則踊孔氏曰國君之喪羣臣朝夕即位哭踊踊須相視為節嗣君雖先哭入即位必待諸臣皆入列位乃俱踊也士卑最後故舉士入為卑愚謂士喪禮朝夕哭主人入門哭婦人踊主人堂下直東序西面兄弟皆即位如外位卿大夫在主人之南諸公門東少進他國之異爵者門西少進敵則先拜他國之賓凡異爵者拜諸其位徹者盥于門外燭先入升自阼階丈夫踊是主人待衆賓畢入乃拜賓後拜賓畢乃踊也嫌人君尊或不待羣臣畢入而踊故明之

○祥而縞釋文縞古老反

鄭氏曰縞冠素紕也孔氏曰祥大祥也縞縞冠也大祥日著之

是月禫徙月樂釋文禫大感反樂音岳

鄭氏曰言禫明月可以用樂孔氏曰鄭志曰既禫徙月而樂作禮之正也孔子五日彈琴自省樂哀未忘耳踰月可以歌皆自祥踰月所為也既禫始得備樂而在心猶未能歡徙月之樂極歡也哀殺有漸是以樂亦隨之也○愚謂祥之日鼓素琴而尚未可歌也踰月而可以笙歌而尚未備縣也禫而縣而猶未作也踰月而金石之樂作矣此除喪作樂之漸也

○君於士有賜帟釋文帟音亦

鄭氏曰帟幕之小者所以承塵賜之則張於殯上大夫以上幕人職供焉愚謂周禮幕人掌帷幕幄帟綬之事掌次凡喪王則

張帟三重諸侯再重孤卿大夫不重是大夫以上皆有帟幕人自以其職共之士本無帟君所加恩則有賜之以帟者也